Calum Creasey & Lauren Smith

Vanlife

mode d'emploi & art de vivre

C’est ça la vraie vie, incarnée par cette petite carriole.

La route dégagée, l’autoroute poussiéreuse, la bruyère, la

campagne, les villages, les villes, les métropoles !

Ici aujourd’hui, et ailleurs demain ! Le voyage, le changement,

la passion, l’excitation ! Le monde entier à vos pieds,

et un horizon qui change constamment !

M. Crapaud dans *Le Vent dans les Saules*, KENNETH Grahame

The Lucky Vanlife
HN LT 28H

The Rolling Home présente

Vanlife

mode d'emploi & art de vivre

TURBULENCES EDITIONS

Sommaire

Chapitre trois - **LES GENS**

Chapitre quatre - **LES LIEUX**

Chapitre cinq - **L'AVENIR**

Introduction
THE ROLLING HOME

Une fille, un garçon & un van

de Calum Creasey et Lauren Smith

Je discute beaucoup avec les gens à propos des vans. Il est vrai qu'ils occupent ma journée de bien des manières. Des véhicules qui contiennent généralement un lit, un coin pour cuisiner ou préparer un repas et un endroit où s'asseoir confortablement à l'abri de la pluie. Je vois un van aménagé passer dans la rue et je peux parfois identifier la marque et le modèle. Je croise un van similaire au nôtre, ici dans les Cornouailles, et je ne peux m'empêcher de faire signe de la main. Garés au sommet des falaises, sur les plages ou sur les parkings des supermarchés. Nous croisons tous des vans au quotidien - ces véhicules aménagés pour que l'être humain puisse vivre dedans. Modifiés pour que nous puissions nous sentir à l'aise loin de chez nous. Parfois construits pour être notre unique résidence. Ce sont ces véhicules-là qui alimentent mes conversations et le contenu de ce livre.

Notre van est un Volkswagen Transporter de 1996 et nous lui devons beaucoup. À bien des égards, il a dicté le cours de notre vie jusqu'à présent. Ce n'est certainement pas ce qui était prévu à sa sortie d'usine en Allemagne, un fourgon à empattement court et relativement peu puissant. Une grosse caisse en acier avec un moteur diesel à quatre cylindres. Sa première destination était le Royaume-Uni, où il a été immatriculé par un cabinet d'ingénieurs. Après 14 ans de dur labeur, notre van a eu sa première chance. En 2010, je l'ai acheté pour remplacer le Nissan Vanette converti par mes soins. En ajoutant un mobilier simple en pin, des murs recouverts de moquette, un réchaud gaz et un hublot, nous avons créé ce que nous appelons maintenant « la maison roulante ». Comme la plupart des vans convertis que nous croisons, le nôtre n'avait pas été conçu pour y être habité à la base. Mais après quelques modifications supplémentaires, notre vie a changé pour le mieux. Notre histoire est modeste, et vécue par bien d'autres personnes en Europe et dans le monde entier. Nous prenons des véhicules souvent vieux et déglingués, et nous les transformons en autre chose - des catalyseurs de bonheur.

Le van en question peut être de grande taille et contenir des sièges pour toute la famille, ou bien il peut être tout petit et n'avoir de la place que pour deux. Un matelas gonflable et un réchaud de camping peuvent suffire. Des voyages qui ne prennent que le temps d'un week-end,

HOME
SWEET
ROLLING
HOME

ou bien qui commencent par un aller simple en ferry. Ce que toutes nos histoires de vans ont en commun c'est, en substance, l'acte de partir en quête de ce qui nous fait défaut dans la vie. Depuis que nous possédons notre van, nous sommes aussi partis à la recherche d'autre chose.

En tant qu'adolescents, nous l'avons construit nous-mêmes. En tant que jeunes adultes, nous l'avons chargé devant la maison de nos parents. En tant que couple, notre van est devenu le vaisseau qui abrite notre amour de la vie et de l'un pour l'autre. Une fois la porte coulissante ouverte, cet amour se répandait tout autour. Sur les plages et au sommet des falaises. Il nous enveloppait, nous et nos amis, et se mêlait à la fumée des feux de camp et aux rires. Cela se voit sur les photos et les visages de chacun d'entre nous. Gravé dans le bonheur. Quand il était temps de partir, ces sentiments s'envolaient avec nous dans le van et remplissaient le moindre recoin du véhicule.

Lorsque nous sommes rentrés, nous avons essayé de vivre autrement en louant une petite maison anglaise de la taille d'une boîte à sardines, non loin de l'endroit où nous avions grandi, en nous essayant à des emplois de bureau et à des carrières qui nous étaient peut-être destinées, mais rien ne nous a jamais paru aussi réel que ce van. Il a toujours représenté quelque chose qui était à portée de main si facilement. Comme cette valise vide au fond de l'armoire, mais en bien plus séduisant. Quand il y a des factures et un loyer à payer, il attend au garage. Même le fait de l'utiliser comme véhicule au quotidien est une vraie torture, car on ressent toujours l'appel de la mer ou du ferry.

Jusqu'au moment où vous vous retrouvez à nouveau complètement sous son emprise. En un tour de clé, la vie ordinaire fait place à la nervosité, à la peur, à la trépidation et, enfin, au bonheur. Nous voulions que ces émotions nous submergent par torrents, nous voulions qu'elles enveloppent notre corps entier, notre existence même, nous voulions nous sentir vraiment vivants. Lorsque tout ce que vous possédez vous entoure dans un petit van, cela se produit sans même s'en rendre compte. Voici l'histoire de la « Rolling Home » (maison roulante) ou comment un véhicule ordinaire et une idée simple peuvent devenir très puissants. Depuis nos premiers voyages, nous avons passé beaucoup de temps à essayer de revivre ces émotions. Ce que nous avions appris en tant que jeunes adultes - des leçons de simplicité et l'importance de voyager, transposé dans une vie que nous avions l'impression d'avoir construite pour nous-mêmes.

Aujourd'hui encore, nous devons beaucoup à ce véhicule. Il est un peu comme mon petit protégé, comme lorsqu'il tombe en panne, je suis bouleversé. Ce n'est plus notre résidence à plein temps, il est maintenant comme un vieux copain. Quelqu'un qui a connu les hauts et les bas de la vie avec nous, mais qui est toujours prêt à partir vers l'inconnu, sans se poser de questions.

Ainsi, l'histoire raconte que nous avons parcouru des dizaines de milliers de kilomètres à travers l'Europe lors de nombreux voyages entre 2010 et 2017. En 2016, nous avons publié nous-mêmes notre livre de photos avec l'aide de personnes merveilleuses et d'un financement participatif. Depuis lors, «The Rolling Home» est devenue un synonyme du mouvement vanlife sur les réseaux sociaux, nous donnant la chance incroyable de lancer d'autres projets novateurs et de faire passer le mot que posséder un van peut changer une vie. Pendant les années qui ont suivi la campagne de crowdfunding, nous avons passé notre temps entre notre ville natale et la ferme d'un ami, avant de retourner en Europe pour enfin nous installer près de la mer dans les Cornouailles, au Royaume-Uni. Aujourd'hui, je passe mes journées entre un petit atelier où nous construisons des vans, et la rédaction d'un magazine consacré au mode de vie alternatif, le *Rolling Home Journal*.

Bien sûr, voyager en van signifie parfois ne pas se doucher pendant quelques jours, avoir les mains grasses et un sérieux trou dans votre compte en banque, mais c'est le sourire aux lèvres assuré. Posséder un van est peut-être l'un des meilleurs moyens de conserver une vision romantique de cette vie qui l'est parfois très peu. Nous faisons partie d'un mouvement universel connu sous le nom de vanlife. Une passion partagée pour les vans, une énorme communauté sur les réseaux, un rassemblement de personnes partageant les mêmes idées.

La vanlife est tout cela et bien plus encore. Pour moi, une culture naît lorsque des personnes d'endroits différents découvrent qu'ils partagent les mêmes idées. Leurs rêves se rejoignent d'une certaine manière et leurs modes de vie sont similaires à bien des égards. Dans ce livre, nous explorons la vanlife à travers certaines des idées et des personnes qui la rendent si merveilleuse.

ROCHE MAZET
CABERNET SAUVIGNON
PAYS D'OC
2014

SIG

N207 BVV

Ektar 100
POWER GAS
PROPANE/ISOBUTANE
230 G/8.1 OZ

Carre

Chapitre un

LA CULTURE VANLIFE

Qu'est-ce qu'un nomade ?

par Dan Crockett

Réflexion sur la définition humaine du « nomade ».

Réponse : « Une personne qui ne reste pas longtemps au même endroit, un vagabond ».

« En dépit de tous ses avantages matériels, la vie sédentaire nous a rendus nerveux et insatisfaits. Même après 400 générations de vie dans les villages et les villes, nous n'avons pas oublié. L'appel de la route se fait encore entendre tout doucement, comme une chanson d'enfance que l'on a presque oubliée. » Carl Sagan, *Pale Blue Dot*

Errer est un désir humain presque universel. Très loin dans notre héritage, les premiers *Homo sapiens* se sont tout simplement levés et ont tourné le dos à la chaleur et à la sécurité d'un abri fixe pour partir à la recherche d'horizons nouveaux. Pourquoi ? Pour des raisons pratiques (le climat, l'approvisionnement en nourriture ou la menace humaine), la survie de notre espèce est ancrée dans la recherche de terres nouvelles. Mais nous ne comprenons toujours pas vraiment ce désir qui est au cœur de l'esprit humain, ce besoin fondamental d'aller au-delà de l'horizon.
Dans *Pale Blue Dot*, Carl Sagan cite Herman Melville : « Je suis tourmenté par une soif éternelle pour toute chose lointaine ». Jusqu'à très récemment, les êtres humains étaient une espèce nomade. Certains le sont encore : les aborigènes australiens, les éleveurs de rennes samis en Scandinavie, les Roms, les nomades mongols - l'histoire regorge de cultures nomades riches et variées, qui ont presque toutes subi l'impact du monde moderne. Une liste complète ne tiendrait pas dans ce livre. Mais sans romancer ou objectiver cette existence, peut-on établir des parallèles entre les nomades d'antan et les nomades modernes ? Sommes-nous tous des nomades dans l'âme ? Cet instinct a-t-il été supprimé par l'existence sédentaire qui est la nôtre aujourd'hui ? Lorsque nous sommes assis devant nos écrans en quête d'évasion, nos rêves de liberté sont-ils liés à ce besoin génétique fondamental ? Peut-on alors établir des parallèles entre la vie alternative contemporaine et ces êtres humains qui ont toujours été en quête d'autre chose ? Sur une route solitaire et oubliée, fuyons-nous ou partons-nous à la recherche de qui nous sommes vraiment ? La réflexion qui suit retrace les pas des nomades de l'ère préhistorique à nos jours, explore les origines de cette soif de liberté et tente de deviner jusqu'où ce mouvement pourrait nous mener.

Ce que nous sommes

« Plus on devient high-tech, plus on a besoin de la nature. » Richard Louv

L'Origine des Espèces, publié par Charles Darwin en 1859, et sa théorie sur la sélection naturelle furent extrêmement controversés. Le public de l'époque victorienne - et par ailleurs tous ceux qui, encore aujourd'hui, croient au créationnisme - était scandalisé par les affirmations de Darwin selon lesquelles l'homme descendrait des animaux.

En plus de remettre en question l'idée dominante de l'époque selon laquelle Dieu a créé chaque espèce et l'homme à son image, cette affirmation faisait descendre l'homme d'un piédestal farouchement gardé. Un peu plus tard, le poète Rilke écrivait :

> Et seulement alors, quand j'en aurai assez appris,
> Irai-je observer les animaux, et laisserai-je
> Un peu de leur calme glisser lentement
> Dans mes membres ; verrai-je ma propre existence au fond de leurs yeux.

La théorie de Darwin a ouvert la voie à la génétique et à la pensée évolutionniste. Elle nous ramène aux molécules qui ont créé les premiers organismes il y a 3,8 milliards d'années. Elle nous ramène également à *l'Homo sapiens* qui a quitté sa terre natale d'Afrique orientale il y a 70 000 ans pour s'installer en Europe et en Asie. C'étaient eux nos ancêtres nomades. Physiquement et intellectuellement, ils nous ressemblaient beaucoup, même si le monde dans lequel ils vivaient et la façon dont ils l'interprétaient étaient très différents.
Mais ce que nous sommes n'a pas changé. Des animaux enfermés dans un habitat extrêmement complexe et fascinant, le monde qui nous entoure. Ce monde est peut-être plus petit, avec sa biodiversité qui s'effondre et les espaces naturels qui se rétrécissent rapidement, mais en tant qu'êtres pourvus de nos cinq sens qui ont évolué pour s'adapter nous demeurons en grande partie les mêmes créatures.

Le présent

« L'humanité, après tout, n'est pas capable de supporter trop de réalité. »
Robert Pogue Harrison

« La technologie ne fait pas qu'amplifier, elle remplace le vrai contact humain. »
Paul Shepard
Si nous faisons un saut dans le présent, nous saisissons le monde que nous occupons au travers d'objets. Tout ce que nous faisons, comme prendre le petit déjeuner ou aller au travail, passe par une grille complexe de dispositifs inventés. Ceux-ci peuvent être fonctionnels (comme les chaussures), agréables (la musique) ou simplement inévitables (les impôts). Au cours d'une vie, nous possédons, généralement très brièvement, des millions d'objets. Notre mode d'existence par défaut nous encourage à accumuler des biens. Nous achetons ou bien nous construisons des objets pour entreposer toutes ces choses – des réfrigérateurs, des maisons, des armoires. Dans Branded Nation, James Twitchell affirme « qu'une grande partie de la connaissance que nous partageons de nous-mêmes et de notre culture provient d'un processus commercial de narration appelé "branding" [...]. Dix pour cent des noms communs d'un enfant de deux ans sont des noms de marque ». L'histoire au coin du feu a été remplacée par la publicité diffusée en ligne. C'est d'une efficacité redoutable, indéniablement, mais il est aussi largement reconnu que cela ne nous rend pas heureux. Le désir moderne d'errer est en partie dû à la conscience que nous avons de ce simple fait. Nous cherchons à nous défaire des chaînes du matérialisme, à nous libérer de systèmes et de structures dont nous ne voulions pas de toute façon. Au cœur de tout cela se trouve un désir de connexion avec l'autre.

Nous sommes hyperconnectés. Alors que nos ancêtres ne pouvaient entretenir des relations qu'en petits groupes, pour rapidement revenir à un état de guerre ou de chaos quand ils se retrouvaient en surnombre, la technologie numérique nous offre la possibilité de suivre et d'échanger avec des milliers de personnes chaque jour. Nous observons nos « amis » ou nos réseaux, que nous n'avons jamais rencontrés pour la plupart ou que nous n'avons pas vus depuis des décennies, vivre leur vie sur des forums publics. Au travers de ces médias, nous aspirons à trouver une connexion qui, la plupart du temps, ne se réalise pas. À bien des égards, notre génération et celle qui suivra sont les cobayes de cette expérience sociale à grande échelle. L'on ne saisit pas encore son impact sur nos vies et l'on commence seulement à l'étudier. Ce qui est évident, c'est qu'il existe un réel désir de vivre une vie plus simple et plus saine. Ce désir se manifeste et est présenté sur les réseaux sociaux à un public désireux de partager, le temps d'un moment, un échange qui soutient l'idée d'une vie plus libre. L'apogée de cette tendance est la vie en apparence parfaite des influenceurs Instagram, qui attirent un énorme public vers une vision idéalisée et utopique de ce qu'est une vie libre.

Comment les nomades des temps passés jugeraient-ils ce phénomène extraordinaire ? À mon avis, ils seraient aussi accros que nous. La technologie est devenue l'abstraction ultime. Être conscients nous fait souffrir, alors nous sommes éternellement à la recherche de moyens pour nous distraire. Nous sommes suffisamment captivés pour oublier l'intimité à jamais. Nous n'avons jamais été autant connectés, pourtant quelque chose en nous est diminué. Nous pouvons entretenir des milliers de relations à distance, mais nous nous sentons seuls. Alors même que nous sommes engloutis par la mondialisation, l'environnement autour de nous devient invisible.

La cacophonie humaine dans toute sa diversité nous enchante, noyant toute autre voix. La culture orale, essentielle pour savoir où nous sommes dans ce monde, a été remplacée. Les mythes sont transmis à une vitesse vertigineuse, retenant notre attention pendant quelques minutes tout au plus. Sous le charme des écrans, notre sens dominant devient le toucher. Comme le dit David Abram, « nous nous enfermons dans un monde engourdissant de solitude ». C'est un sentiment glaçant et creux. Les êtres humains sont façonnés par le monde, et en particulier par la culture dans laquelle ils sont nés. Comme le dit Mark Rowlands : « Les humains sont les animaux qui croient les histoires qu'ils se racontent sur eux-mêmes ». C'est pourquoi certains croient avec ferveur au Saint-Esprit, d'autres aux esprits des pierres et des rivières, et d'autres encore à la divinité des personnalités qui sont célèbres sans aucune raison. Il est tout à fait possible de fonctionner dans le monde moderne sans aucune intimité - la technologie nous prive de la capacité à ressentir réellement quoi que ce soit.

« Nous hésitons de manière subliminale », déclare Spencer Wells, « entre une sollicitation sans rapport (et généralement non désirée) et une autre. Ainsi, nous passons la majeure partie de notre temps à visionner des cascades numériques, oubliant complètement ce sentiment que procure l'eau froide et sauvage au contact de la peau. Un peu comme des voyeurs en proie à une addiction à la pornographie, nous courons après des rendus numériques de fjords norvégiens ou d'interminables plages en France au coucher du soleil. Petit à petit, nous remplaçons les expériences réelles par un fac-similé, où documenter l'expérience est plus important que de la vivre. Même l'intention de capturer le moment change complètement la façon dont nous vivons ces expériences. Tout cela nous éloigne de la vie dans le moment présent. Le réel objectif de devenir plus nomade doit sûrement être d'apprécier le moment présent, et de ne pas s'attarder sur un avenir imaginaire rempli de promotions de travail, d'économies et d'une retraite lointaine. »

D'où venons-nous ?

« J'aime envisager un paysage non pas comme un lieu fixe, mais comme un chemin qui se déroule sous mes yeux, sous mes pieds. Observer et connaître un lieu est un acte de contemplation. Cela signifie faire le vide dans notre esprit et laisser entrer ce qui est là, dans toute sa multiplicité et son infinie diversité. » Gretel Ehrlich

Les chasseurs-cueilleurs d'antan avaient une manière complètement différente de concevoir leur environnement. Leur corps et leur esprit étaient connectés à l'environnement naturel dont ils dépendaient. Il n'y a aucune raison particulière de romancer ou d'idéaliser cela, ce qui semble être le piège dans lequel tombent de nombreux penseurs alternatifs. Cependant, il est indéniable que le temps passé dans un environnement sans êtres humains peut procurer un sentiment de sécurité et de connexion que l'on ne trouve peut-être pas ailleurs. Alors que les Hommes s'éloignent de plus en plus de la nature, ils évoluent et en viennent à l'oublier complètement. Ceci pourrait conduire à une civilisation sans racines, incertaine de ce qu'elle est exactement, luttant encore plus que ses ancêtres pour s'adapter à un monde changeant et changé. Si nos ancêtres se basaient sur les moyens de transports publics des pays développés pour se représenter les millions d'années d'évolution humaine, ils seraient sans doute perplexes. Tout le monde est assis, penché en avant, en silence, les yeux rivés sur ses mains, complètement absorbé dans un monde issu de sa propre imagination. Souvent, ce qu'ils observent est les vestiges d'un monde naturel en rapide déclin – des forêts, des montagnes, des animaux, les océans. Ainsi, la nature, sous son visage modifié, exerce toujours une influence sur nos vies. Il n'est donc pas étonnant que beaucoup cherchent à se révolter et partir en quête du monde tel qu'il était auparavant. La famille nucléaire a évolué en tant que modèle de vie pour l'homme pour des raisons simples. Notre valeur économique augmente si nous demeurons à un seul endroit en amassant des biens matériels. Nous sommes moins susceptibles de devenir des anarchistes et de tout déstabiliser si nous sommes au service d'un petit groupe de proches et d'amis. Nous sommes également moins susceptibles de nous entretuer et de menacer la communauté dans laquelle nous vivons si nous avons le sentiment de faire partie de quelque chose. Le problème est que ce modèle de vie hyperindividualiste nous coupe de la communauté à plus grande échelle (au-delà des êtres humains), et nous incite à accorder plus d'importance à nos propres petits drames de la vie (relations, travail, argent). Ainsi coupés du monde, nous le négligeons. L'intérêt récent et la sensibilisation croissante aux modes de vie alternatifs sont autant de réponses à cette tendance. Étant donné qu'une grande partie de notre société est construite autour de la recherche de la persistance de ce qui n'est au final qu'une expérience brève et transitoire, rejeter les liens physiques d'une vie conventionnelle est un bon point de départ. Certains pourraient considérer cela comme une fuite en avant ou un manque de responsabilité. D'autres y voient un équilibre nécessaire à un style de vie qu'ils ne désirent vraiment pas.

Où allons-nous ?

Donc, qu'est-ce qu'un nomade des temps modernes ? Il existe encore quelques peuples nomades éparpillés dans le monde, qui continuent de vivre comme ils l'ont toujours fait. Comme le dit Yuval Noah Harari dans *Sapiens*, « dans l'ensemble, les cueilleurs semblent avoir eu un mode de vie plus confortable et plus gratifiant que la plupart des paysans, bergers, ouvriers et employés de bureau qui sont arrivés après ». Alors que les voyageurs d'antan se déplaçaient à pied, vivant de la terre et grâce à leur intelligence, et arrivaient à survivre dans un monde naturel hostile, le nomade des temps modernes peut se déplacer sur quatre ou deux roues. Il peut construire une structure éphémère dans une forêt ou sur une plage, s'installer quelque temps afin de comprendre et de cartographier les alentours. Ce sont des créatures pourvues de cinq sens, qui reconnaissent le pouvoir incommensurable de l'échange avec la nature. « Marcher dans les bois, s'allonger dans l'herbe, se baigner dans la mer, c'est vivre la nature de l'extérieur ; pénétrer dans son inconscient, entrer dans ses rêves, c'est toucher la nature de l'intérieur et de quelque manière que ce soit, les choses rentrent dans l'ordre », disait Carl Jung. E.O. Wilson a constaté qu'une « culture crée son présent et donc son avenir à travers les histoires que ses membres racontent, les histoires auxquelles ils croient et les histoires qui sous-tendent leurs actions. Plus les histoires au cœur d'une culture sont cohérentes avec la réalité biologique et physique, plus le mode de vie de son peuple sera compatible avec les règles écologiques et par conséquent augmentera ses chances de survie ».

Les tentatives de combattre la technologie numérique, de l'utiliser pour permettre une meilleure connexion avec le monde naturel alors qu'il nous échappe, signalent un désir authentique. Rust et Totton écrivaient : « Au lieu d'entretenir des relations intelligentes et d'échange avec la Terre qui nous entoure, nous sommes immergés dans des communications qui ne sont que le reflet de l'humanité, comme une galerie des Glaces. » C'est ce que nous cherchons à transcender. Le mouvement naissant illustré dans les pages suivantes, l'exploration de nouveaux modes de vie par le déplacement, la construction et le jeu, essaye de révéler une nouvelle et une meilleure histoire culturelle. La liberté est au cœur de cette nouvelle histoire. Sa capacité à imprégner et à influencer la culture au sens large demeure encore largement incomprise.

Quand il n'y a nulle part où se cacher

de Mattias Wieles

Une excursion dans la vanlife et le minimalisme

Depuis quelques années, la vanlife et le minimalisme sont des termes à la mode. La photo ultime, encadrée de rhétorique sans fondement et de romantisme souvent mis en scène. Il n'est pas difficile de comprendre que la « vanlife » et le minimalisme sont souvent perçus uniquement comme une tendance. à des modes éphémères et aux changements dans les algorithmes des réseaux sociaux. Un autre hashtag dans le monde du style hipster et du business des «influenceurs». Comme c'est le cas pour bien d'autres mouvements, leur croissance exponentielle a été édifiée sur les fondements d'une idée apparemment révolutionnaire. Une idée née bien avant l'intérêt en masse qu'elle suscite aujourd'hui. Un contre-mouvement qui offre une échappatoire pour un mode de vie populaire commence souvent par un message simple. Un message qui touche au fond une conception primitive que nous avons de la vie humaine. Quelque chose d'ambivalent. Ces idées qui offrent une alternative et une échappatoire aux méga-industries et aux carcans économiques deviennent elles-mêmes des industries commerciales.

Notre seule mission est de voir à travers tout ce brouhaha, de transpercer la forteresse et de revenir aux origines. Revenir à cette idée forte qui, à un moment donné, a sous-tendu tout ce mouvement. Selon mon expérience, un moyen très efficace d'atteindre cet objectif est de mettre en pratique ces concepts soi-même. Laissez-moi partager avec vous ce que notre voyage d'un an nous a appris sur ces hashtags qui vont si bien ensemble : la vanlife et le minimalisme.

edp
edp
edp

Changement de vie

Il y a environ un an, nous sommes partis dans notre van vivre l'aventure de notre vie. Deux milléniaux blonds dans un petit van jaune pendant un an. En territoire inconnu, et retenus par rien ni personne. Si le voyage en lui-même a été une expérience qui a changé notre vie, ce qui l'a précédé a été un élément clé de notre initiation à la vanlife et au minimalisme. Un changement fondamental ne se fait pas du jour au lendemain, et la découverte d'un nouveau mode de vie est quelque chose qui peut arriver sans s'en apercevoir. C'est comme un nouvel amour ou une nouvelle amitié, qui semble surgir de nulle part, mais dont les racines poussent déjà sous la surface de la vie quotidienne. Pour nous, c'était la même chose avec la vanlife. Au début, nous ne faisions que poursuivre le rêve de vivre et de voyager dans un van, mais très vite cela a eu un impact sur notre être tout entier. Ce processus peut être observé sur de nombreux comptes Instragram, très souvent sous la forme d'images typiques : un couple, leur nouveau (ancien) van, une sorte de marché aux puces et toutes leurs affaires au premier plan. Accompagné d'une pancarte en carton : «On part à l'aventure - tout est à vendre». C'est un peu comme si la vente de toutes ses vieilleries était une levée de fonds pour une bonne cause. Cette cause : un mode de vie alternatif.

Nous n'étions pas très différents et avons fait exactement la même chose. Nous avons acheté un vieux van. Un Renault Trafic avec quatre roues motrices. Âge : trop vieux. Tandis que nos vies semblaient se dérouler comme avant, notre esprit s'envolait déjà. Petit à petit, tout a commencé à tourner autour de ce rêve de tout laisser derrière soi et d'être libres. Cependant, les aspects pratiques de ce rêve ont eu un impact encore plus grand que le rêve en lui-même. Nous n'avions pas encore terminé nos études, nous étions sans argent et notre appartement était rempli d'affaires qui, tout d'un coup, nous semblaient être un lourd fardeau. Ce n'est qu'avec le recul que je sais que c'est à ce moment-là que le minimalisme a tout doucement fait son chemin dans nos vies. C'était le début de notre premier chapitre minimaliste. Nous avons tout vendu, nous nous sommes débarrassés de tous les fardeaux financiers et avons éliminé toutes les choses redondantes dans nos vies. Toutes nos affaires tenaient désormais dans notre petit van ; les liens avaient été coupés, nos boulots quittés, les abonnements aux magazines et à la salle de sport annulés. Nous avons fait nos adieux et nous nous sommes sentis libres comme jamais auparavant. Mais ce n'était que le début ; les changements se produisaient surtout en surface.

Nous avions une idée quant à ce que la vanlife avait à offrir, et ce concept de vivre dans un van nous avait brièvement fait découvrir le minimalisme. Mais avec le recul, nous ne savions pas ce que cela allait devenir pour nous sur le plan personnel. La vanlife et le minimalisme exigent tous deux de se défaire du matérialisme, mais ils sont essentiellement liés à quelque chose de plus profond. C'était le début d'une année qui a changé notre perspective sur ce que nous voulions dans la vie, où se situaient nos ambitions, comment nous allions faire usage de notre temps, de notre énergie et de nos passions.

Le départ

À première vue, la vanlife semble représenter l'aventure, et le minimalisme paraît être un contre-mouvement au consumérisme. Toutefois, les deux s'adressent à quelque chose de plus fondamental, au plus profond de notre être. Si tu es mordu, il n'y a pas de retour en arrière possible. Pour vraiment comprendre ce que cela signifie, nous avons dû entreprendre un voyage qui a duré un an.

Le premier voire les deux premiers mois, nous sommes restés à l'intérieur des frontières de l'UE pour nous habituer à cette façon de voyager. Nous sommes partis en direction du Portugal et de l'Espagne, des pays riches en aménagements de la plus haute qualité pour les campeurs. Vivre dans un espace de quelques mètres carrés seulement, sans installations sanitaires décentes, sans intimité et sans luxe, a l'apparence d'une aventure pendant un certain temps. Mais à un moment donné, l'excitation fait place à l'irritation, aux besoins non satisfaits et à des sentiments incertains. Vous vous aventurez dans un monde inconnu, mais encore plus dans votre propre inconnu. Il faut s'ajuster et adapter ses propres besoins en faisant abstraction des distractions de la société de consommation et de luxe. Rester dans ces pays familiers ne nous a demandé que peu d'efforts, nous permettant ainsi de nous libérer l'esprit et d'avoir une sensibilité qui nous a permis de nous gérer nous-mêmes.

Ce n'est qu'après deux mois que nous avons trouvé un équilibre et que nous étions enfin prêts à aller plus loin. Nous avions entrepris d'explorer les pays situés au-delà des frontières européennes. En dix mois environ, nous avons traversé le Maroc, l'Albanie, la Turquie et la Géorgie. Je pourrais écrire un livre sur les endroits magnifiques que nous avons visités, les aventures que nous avons vécues et la joie que nous avons ressentie. Ces souvenirs resteront gravés à jamais dans notre mémoire, mais la richesse de notre voyage, pour moi, trouve son origine ailleurs.

Une vie en toute simplicité

Une fois que nous nous sommes éloignés des familiarités de la civilisation occidentale, tout a commencé à changer pour nous. Tout d'abord, nous avons atteint un tout autre niveau de simplicité dans notre vie. Tout à coup nous avons dû faire face à des pénuries d'eau ; il a fallu s'habituer à ne pouvoir acheter que certains aliments dans des petites échoppes ou dans la rue. Les douches devenaient de plus en plus espacées, il a fallu mettre un terme à l'achat de certaines choses et nous avons dû nous abstenir de consommer de l'alcool pendant notre séjour au Maroc. En d'autres termes : nos vies étaient devenues plus simples.

Étrangement, à partir de ce moment-là, nous nous sommes sentis moins différents, ou pas à notre place, comme nous avions pu le ressentir en Espagne ou au Portugal. Il est évident que nous faisions sensation - deux blondinets dans des pays majoritairement musulmans. Mais en même temps, nous y avions notre place, naturellement. Ici, tout le monde conduisait des camionnettes et des voitures anciennes. Nous n'étions pas les seuls à avoir une vie simple. Nous n'étions pas les seuls à vivre dans la nature. La vie simple était la norme plutôt que la dérogation. La vie simple a une touche de fantaisie ici, en Europe occidentale, comme si c'était une marque de fabrique. Votre marque de fabrique. Dans des pays comme le Maroc, en revanche, il n'y a pas de hashtag « hipster » pour désigner ce mode de vie. C'est une existence naturelle qui ne nécessite pas plus d'explications ni d'exploitation.

Dans cette existence à l'état naturel, les distinctions apparentes entre la vanlife et le minimalisme deviennent sans intérêt. Généralement, le minimalisme évoque des espaces propres et vides. Des maisons soignées et élégantes avec un seul canapé stylé devant une grande fenêtre vitrée. La vanlife se situe souvent à l'opposé. Avec un certain style, mais en réalité avec un caractère un peu désordonné, caractéristique du mode de vie du nomade. Des véhicules vétustes, des maisons poussiéreuses et rouillées. Remplis d'objets qui caractérisent le style de vie en plein air. Comme un nomade avec ses ânes et ses moutons, mais les moutons ont fait place aux planches de surf, et les ânes se sont transformés en vélos. Le minimalisme chic d'une part, et la vanlife hippie d'autre part. Pourtant, malgré leurs différences apparentes, ils ont beaucoup en commun. Dans un cadre où la vie est simple, les apparences s'estompent, et seule l'essence même de ces concepts demeure.

À la croisée de la vanlife et du minimalisme, le désencombrement semble être le mantra et le consumérisme l'ennemi commun. Il ne s'agit pourtant que de réponses aux défauts des sociétés occidentales. Le minimalisme et la vanlife, quant à eux, tirent leur puissance non pas de la contestation, mais d'un important message indépendant sur l'essence même de la vie.
De ce point de vue, le désencombrement et l'abandon du matérialisme ne sont que des voies vers un objectif ou un message plus profond. Mais quel est ce message précisément ?

Voyage au fin fond de soi-même

Le message principal sera différent pour chaque personne. Celui de la vanlife et du minimalisme est déjà en vous. La clé, c'est vous.

Si la vanlife et le minimalisme semblent accrocheurs, produisant du beau « contenu » convenant parfaitement à l'activité rapide et superficielle des réseaux sociaux, ils sont en réalité totalement opposés. Les réseaux sociaux ont tendance à accumuler des couches, des apparences et des faux-semblants entre l'émetteur et le récepteur, mais la vanlife et le minimalisme tentent en réalité de faire le contraire. La vanlife et le minimalisme simplifient tout. Les personnes qui aiment ces concepts commenceront assez vite à éliminer le bruit et le superflu dans leur vie. Ces principes ont, à la base, le meilleur remède contre les apparences. Ils facilitent la vie, et quand on atteint ce niveau de simplicité il est impossible de se cacher. Impossible de se cacher de la réalité des choses et de qui l'on est. Si vous vous considérez à la fois comme l'émetteur et le récepteur de comment vous vous représentez, la vanlife et le minimalisme éliminent toutes les possibilités de ne pas se voir tel que l'on est. Il n'y a pas de vêtements chics tout neufs, pas de jobs *cools* et prétentieux, pas de voitures qui impressionnent, pas de smartphones flambant neufs. Tout ce qui donne l'apparence d'avoir une identité ne fait que vous aider à oublier qui vous êtes. Ce n'est qu'une échappatoire, un moyen de vous écarter de votre véritable identité. La vanlife et le minimalisme éliminent petit à petit l'interférence entre l'image que vous projetez et votre véritable identité. Ils simplifient la vie, et dans une vie simple, il ne reste que vous, le monde naturel qui vous entoure et vos proches. Dans ce cadre épuré de la vie, vous pouvez commencer à mesurer vos valeurs, vous pouvez saisir ce que c'est que la vraie passion, vous pouvez apprendre à vous connaitre, et commencer à accepter. La clé de la vanlife et du minimalisme, c'est vous.

Pour nous en tout cas, c'est ce que 11 mois sur la route nous ont fait comprendre. Le fait de vivre nous-mêmes en toute simplicité et de nous aventurer dans des cultures et des pays qui sont de parfaits exemples de la vie simple nous a ouvert les yeux, c'est le moins que l'on puisse dire. On confond souvent vie simple et pauvreté. De nombreuses familles que nous avons rencontrées étaient confrontées à des problèmes de pénurie d'eau, de manque d'opportunités pour l'éducation de leurs enfants ou à des difficultés au quotidien pour maintenir un niveau de vie minimal. Vivre simplement n'était pas le problème.
Ghassan, le minier que nous avons rencontré au Maroc, ne semblait pas être dérangé par la simplicité de la vie. Il travaillait sans relâche, sept jours sur sept, dans une mine abandonnée pour pouvoir offrir à son fils une scolarité décente. Sa façon de vivre était à la fois inspirante et paisible. Ses besoins personnels nous faisaient penser à la quiétude d'un moine, et son attitude face à la vie semblait constituée d'acceptation et d'équilibre malgré son combat permanent dans les mines sombres. Ghassan n'avait nulle part où se cacher et, de ce fait, c'était une bénédiction d'être avec lui. Je préférerais passer du temps avec Ghassan qu'avec un banquier « qui a réussi sa vie ».

Retour à la civilisation

À un moment donné, nous avons dû faire demi-tour et rentrer à la maison. Avant de partir, ma mère m'avait demandé si je craignais qu'il y ait un changement radical dans mon caractère. Un changement qui rendrait impossible un retour à la société. Un changement qui vous laisse égaré pour un long moment. Je n'avais pas peur, mais j'avais sous-estimé son appréciation. La route vous transforme, la vie en toute simplicité exige un changement au fond de soi-même. Ou autrement dit : un changement de l'image de soi-même. Je m'étais trompé dans les idées que je m'étais faites de moi-même. Je m'étais habitué aux tendances, conditionné par la société occidentale. Mais nous avons supprimé tout le superflu, nous avons évité le bruit pendant un an, et nous avons opté pour un recalibrage radical. Nous nous sentons habilités à vivre un mode de vie alternatif qui correspond à nos propres besoins et à notre vie plutôt qu'à ce que les entreprises, la société ou les normes veulent pour nous. Nous nous sentons soutenus, non pas par des marques *cools* ou des hashtags, mais par Ghassan et les innombrables familles et personnes qui partagent la simplicité de leur mode de vie.

Après notre retour à la maison, nous avons commencé la construction d'une maisonnette comme résidence principale. Nos besoins matériels se sont avérés minuscules, et une telle maison exige des choix radicaux et des modèles qui correspondent à notre système de valeurs et à nos idéaux minimalistes. Une vie en toute simplicité, où il n'y a nulle part où se cacher, de soi-même, du monde réel qui vous entoure ou de vos proches.

L’économie à petite échelle

par Calum Creasey

Pourquoi le minuscule est si beau, et comment les vanlifers gagnent leur vie

Comme bien d’autres, lorsque j’ai découvert le film *The Powers of Ten* de Charles et Ray Eames, j’ai été époustouflé. En l’espace de neuf minutes, cette courte vidéo met à nu la taille de l’univers. Une perspective très intimidante. En me voyant pour la première fois à l’échelle de l’univers, je me suis senti tout petit. Cela a façonné ma manière de voir le monde, et encore à ce jour. Lorsque j’étais enfant, on passait beaucoup de temps dans notre van avec les 5 autres membres de ma famille. Comme j’étais le plus jeune et le seul garçon, c’était souvent très intense.

Mais mes parents ont fait en sorte que, la plupart du temps, nous adorions ces moments. Je pense que c’est à partir de là que j’ai commencé à me poser des questions au sujet des dimensions que doit avoir une maison.

Il est vrai que la dimension des objets dicte la façon dont nous voyons le monde qui nous entoure ; la taille d’une feuille, l’arbre auquel elle est attachée, le champ dans lequel il se trouve et enfin le ciel qui le surplombe. Visualiser ceci n’est possible que lorsqu’on a une compréhension innée de l’échelle de ces choses. Si vous vivez entouré d’immenses immeubles dans une grande ville, vous vous sentirez sans doute petit. Si vous vous tenez debout au sommet d’une montagne, la même chose se produira probablement. Notre taille en tant qu’êtres humains varie, mais, à l’échelle de l’univers, pas tant que ça. Pourtant, étrangement, l’espace de vie que nous nous octroyons varie énormément. À bien plus grande échelle : une camionnette, une maison, un manoir, un immeuble, un gratte-ciel. La relation entre la taille de nos maisons et la façon dont elles nous font nous sentir peut être contre-intuitive pour le concept occidentalisé du monde. Un concept qui prône la taille comme une marque de succès, et même de bonheur.

Il s'ensuit qu'une grande maison, avec de grandes pièces, nécessite une importante quantité de choses pour la remplir. La facture de chauffage est élevée, tout comme celle de l'entretien. Beaucoup d'efforts de la part du propriétaire sont nécessaires pour financer cette grande maison. L'énergie que ce bâtiment consomme, les meubles qui le remplissent et le temps nécessaire pour le payer exigent un effort important et beaucoup de temps ; quelque chose qui est limité dans nos vies.

Si nous acceptons ce qui précède alors, à l'inverse, les très petites maisons ne nécessitent qu'une faible proportion de ce temps et de cet effort. Autrement dit, si une petite maison peut accueillir tout ce dont vous avez besoin pour être à l'aise, il faut moins de temps et d'efforts pour atteindre le même objectif que le propriétaire de la grande demeure en termes de bonheur. C'est la base de l'économie à petite échelle où le bonheur est la monnaie d'échange, et où le temps et l'effort relatifs sont évalués différemment de, disons, un modèle économique occidental traditionnel.

Posons-nous maintenant l'une des questions les plus courantes au sujet de la vanlife : « Comment gagnez-vous de l'argent ? ». La meilleure réponse à cette question est de planter le décor, un tout petit décor. Un van ordinaire est beaucoup moins grand qu'une pièce habituelle dans une maison récemment construite au Royaume-Uni. Cela coûte beaucoup moins cher de vivre un jour, une semaine ou même un mois dans un van que d'entretenir une maison traditionnelle de style occidental pendant la même période. C'est sans doute l'un des principaux facteurs de motivation pour tous ceux qui vivent dans des vans. D'un point de vue économique purement personnel, plus c'est petit, mieux c'est. Combinez cela avec une évolution vers l'autosuffisance et un accès facile au monde numérique, vous obtenez un nombre sans cesse croissant de vans qui roulent dans le monde entier contribuant ainsi à l'économie à petite échelle. Un photographe, un bijoutier, un écrivain, un designer, un consultant ou un ingénieur de systèmes informatiques. En travaillant à distance, ces personnes peuvent apporter une contribution essentielle à la société tout en appréciant le temps différemment.

Dépenser peu est la clé pour vivre dans un van pendant longtemps, et les moyens pour gagner de l'argent varient énormément. Nous avons rencontré des personnes qui travaillent pendant six mois pour économiser en vue des six mois de voyage qui suivent. Beaucoup choisissent ainsi la cueillette de fruits ou les travaux agricoles saisonniers. Les acteurs, musiciens, artisans et ouvriers itinérants existent depuis des centaines, voire des milliers d'années. Cependant, aujourd'hui beaucoup choisissent la camionnette comme moyen de transport. Il est facile de voir comment les arts, la créativité et l'ingéniosité vont de pair avec le voyage, s'épanouissent même lorsque les esprits s'ouvrent à de nouveaux lieux et à des expériences inédites.

Lauren et moi avons expérimenté de nombreuses façons de gagner notre vie. Des emplois de bureau en intérim au bénévolat en échange de nourriture et d'une place de camping gratuite.

Nous avons même tenté de gérer une petite entreprise depuis la route. Cela avait bien commencé, mais n'a jamais atteint un niveau acceptable et, à bien des égards, a mis trop de pression sur notre relation. Nous sommes très amoureux, mais passer chaque moment ensemble, sans barrières entre le travail et le temps libre, peut devenir difficile. La seule chose que nous essayons de ne jamais oublier, c'est l'importance d'être flexible et de savoir quand un job a fait son temps.

On a beaucoup parlé de la façon dont l'économie mobile, c'est-à-dire les postes, les contrats ou les emplois temporaires, fait vivre un grand nombre de personnes. Il se peut qu'au XXIe siècle les économies soient de plus en plus fondées sur des conditions de travail flexibles. Le monde numérique fournit les outils et l'accès à de nouvelles façons de gagner sa vie. Les exemples de ceux qui quittent leur grande maison et vendent leurs biens pour vivre dans un véhicule sont trop nombreux pour être énumérés. Ils font le choix de se déplacer librement, mais aussi de pouvoir sélectionner la façon d'échanger leur temps contre de l'argent. Lorsque votre espace de vie est réduit et que vous dépensez beaucoup moins, le besoin de gagner de l'argent est aussi diminué.

Quelle que soit la manière dont vous financez vos aventures en van, vos livres sterling, vos dollars ou vos euros peuvent aller loin, très loin même. Soyez économe et adoptez l'économie à petite échelle. Quand le salaire est le bonheur, qui a besoin d'argent de toute manière ?

WORKSHOP

Chapitre deux

LES VÉHICULES

Si un véhicule était capable de choisir...

par Calum Creasey

Un guide illustré de nos véhicules aménagés préférés

Si un véhicule était capable de choisir, je suis certain qu'il voudrait être un van. Pas une camionnette de chantier, un bus transportant des enfants qui hurlent à l'école ou un break familial, mais un van. Je me demande si, dans leurs vies antérieures, ces véhicules avaient une idée de l'endroit où ils allaient finir. Le peintre, le tapissier ou le chauffeur de taxi n'ont-ils jamais pensé à la façon dont les pots de peinture et le bois jetés à l'arrière seraient un jour remplacés par un intérieur confortable, conçu avec amour par leur nouveau propriétaire ? N'ont-ils jamais entrevu l'avenir - un couple endormi à l'arrière, en train de lire ou de préparer à manger ? J'aime croire que si. La prochaine fois que vous vous asseyez dans un bus, ayez un peu d'espoir qu'un jour il puisse devenir la maison d'une famille entière, une cuisine fabriquée à la main à la place du siège sur lequel vous êtes assis.

J'ai vu beaucoup de vieux véhicules épargnés de la casse par des gens capables de voir le potentiel de n'importe lequel d'entre eux, même le plus déglingué. La conception des véhicules a suivi les tendances de leur époque, avec de nouveaux modèles commercialisés chaque année. Certains ont ensuite trouvé leur place dans la culture populaire, tandis que d'autres sont tombés dans l'oubli, pour être ensuite récupérés par les générations suivantes.

LE MERCEDES 508D

Un favori des modèles T2 de Mercedes-Benz

Il est apprécié par beaucoup pour sa simplicité. C'est le véhicule de prédilection de la Croix-Rouge et des services de secours dans toute l'Europe. Aujourd'hui, ces fourgons prennent de la valeur grâce à leur moteur fiable et à leur style nostalgique.

LE VOLVO 240 BREAK

Le luxe suédois discret des années 1970

Dans un break il y a de la place pour un matelas à l'arrière, un longboard sur le toit et autant de passagers que vous avez l'audace d'en mettre. C'est aussi une façon de voyager relativement discrète lorsque les panneaux «Interdit de camper» abondent. Le 240 Break a un peu l'air d'un bateau sur la route, mais son style me plaît et j'adore son capot qui est plus grand qu'on ne l'imagine. .

LE MITSUBISHI L300

Le pare-buffle veut tout dire

Andrew Groves explique très bien l'intérêt pour ces petits vans japonais plus loin dans le livre. Je les adore, car ils ressemblent à un monospace sous stéroïdes. Lorsque les fourgons plus grands lâchent, même sur un terrain des plus élémentaires, les Delica s'imposent.

LE BUS SCOLAIRE AMÉRICAIN

Détesté par les écoliers, adorés par les nomades de l'ère numérique

Ces engins accumulent un kilométrage énorme au cours de leurs années de service. À juste titre, ils ont acquis un statut culte et une place à part dans la culture populaire occidentale. La scène filmée dans un bus scolaire est toujours en vogue à Hollywood à ce jour – le film Speed vient à l'esprit. On les trouve en vente aux États-Unis à des prix abordables. Vous trouverez beaucoup de véhicules dans votre budget. Les différents constructeurs semblent tous avoir la même peinture jaune emblématique. C'est le véhicule de prédilection pour les familles nomades modernes aux États-Unis.

LE MERCEDES SPRINTER

Le véhicule de prédilection de la vanlife contemporaine

Mon premier souvenir de ces fourgons est quand je les conduisais pour la Poste, au Royaume-Uni. Ils étaient grands, rapides et très usés (voire un peu trop). Il y a de fortes chances que vous en ayez déjà vu un sur l'autoroute, couvert d'éraflures et de bosses. C'était le fourgon de livraison par excellence au début des années 2000. Le Sprinter a subi une sorte de réinvention en tant que véhicule de base très populaire, en particulier aux États-Unis. Pour moi, ils sont un peu étroits, mais je les aime quand même.

LE VOLKSWAGEN T25

La troisième génération du Volkswagen Transporter d'abord commercialisé en 1979

Le petit van en forme de boîte, avec le moteur à l'arrière. Aux États-Unis, ils sont connus sous le nom de « Westys », du nom du célèbre fabricant allemand Westfalia. Vans sans ou avec fenêtres, avec un toit surélevé ou ouvrant, en version Syncro 4x4 : il y a un grand choix de modèles. Grâce à ses nombreux fans et à la disponibilité des pièces détachées, ces vans sont populaires dans le monde entier. Je les considère comme mieux pensés que leurs ancêtres à baies vitrées et fenêtres coulissantes, et c'est exactement ça.

L'aménagement intérieur compact

par Lindsay Berresford

Les bases d'un espace de vie mobile

Avec 69 aménagements de vans sur mesure (au moment de la rédaction de ce livre) réalisés par Quirky Campers, nous n'avons pas eu deux modèles identiques. Quelque chose me dit que cela n'arrivera jamais. C'est la petite taille des espaces qui vous oblige à faire des choix, et ces derniers illustrent magnifiquement nos besoins, goûts, priorités et compétences personnels. On pourrait penser le contraire en voyant les innombrables vans tous identiques qui sortent des chaînes de production depuis des décennies, mais une révolution est en train d'avoir lieu. Les gens veulent être impliqués dans la conception et la construction de leur maison roulante et, comme c'est le cas avec une habitation ordinaire, dès que l'utilisateur final est impliqué, la qualité et l'ingéniosité du résultat sont d'un tout autre niveau.

Il existe des études intéressantes qui montrent que les contraintes favorisent véritablement la créativité. Le mouvement en faveur de l'habitation de petite taille semble en apporter la preuve. J'ai parlé de choix et de compromis, mais le corollaire de tout cela, ce sont les incroyables créateurs qui remettent constamment en question nos idées sur ce qu'il est possible de faire dans un espace de cette taille. En concevant des objets qui se replient ou qui ont plusieurs emplois, on peut créer beaucoup plus de fonctionnalités dans un même espace.

On m'a souvent demandé « qu'est-ce qui fait le van parfait ? », et tout ce que je peux répondre c'est que c'est « ce qui le rendra parfait pour vous ». Je connais un van qui a été conçu autour du souhait du propriétaire d'avoir une douche en cascade, et un autre dont le point de départ était des volets de fenêtre dont les propriétaires étaient tombés amoureux sur un marché aux puces français. Cela étant dit, chaque aménageur en devenir a tout intérêt à se poser quelques questions de base pour l'aider à concrétiser sa vision. J'ai rassemblé les contributions de la communauté Quirky Campers pour vous donner quelques réflexions philosophiques et des conseils pratiques...

NEIL

À quoi va servir votre van ?

Nous avons appris à nos dépens que nos besoins évoluent avec le temps. Lorsque nous avons acheté notre van, Bella, nous étions un jeune couple à la recherche de quelque chose qui simplifierait notre vie et nos aventures. Faire du camping sauvage, aller à des mariages, à des festivals et voyager pour rendre visite à des amis partout en Europe. Disposer d'un lit confortable et d'une cuisinière sans avoir à s'accroupir pour l'utiliser nous semblait être un tel luxe que de nombreuses autres caractéristiques typiques des vans ne nous sont même pas venues à l'esprit. Nous ne pensions pas non plus que Bella serait encore avec nous après onze ans et trois enfants... Il a fallu faire beaucoup d'aménagements, notamment un réfrigérateur, un poêle à bois, deux sièges supplémentaires avec ceinture et un lit en plus. Ne reproduisez pas nos erreurs, et réfléchissez à ces questions à l'avance :

Combien de personnes vont utiliser le van ?

Concevez-le en fonction du nombre de personnes qui utilisera le van le plus souvent, et ensuite réfléchissez à la manière d'intégrer des sièges et des lits supplémentaires pour les fois où vous serez plus nombreux. Posez-vous également la question si ce nombre est susceptible d'augmenter, par exemple si vous envisagez de fonder une famille.

Êtes-vous du genre sociable ?

Ce n'est pas un jugement, mais une véritable question pratique. Nous avons conçu notre van en tenant compte du fait que nous allions souvent recevoir des amis et de la famille, et qu'il était donc essentiel de pouvoir asseoir six personnes autour d'une table. Si vous préférez être seuls ou que vos invités restent en dehors du van, il est peut-être plus judicieux d'opter pour un lit fixe.

Quel genre de nourriture aimez-vous manger ?

Avez-vous tendance à faire la cuisine ou à manger à l'extérieur ? Mangez-vous de la viande et des produits laitiers ? Une bière fraîche à la fin de la journée est-elle la seule chose dont vous ne pouvez pas vous passer ? Êtes-vous spécialisé dans l'art de la recette à plat unique ou allez-vous avoir besoin de trois plaques de cuisson et d'un four ? Ces questions vous aideront à déterminer la taille du réfrigérateur et de la cuisinière dont vous aurez besoin.

Quand comptez-vous voyager et pour combien de temps ?

Le voyageur du dimanche et le résident à plein temps d'un van sont susceptibles de faire des choix très différents quant à la taille du véhicule qu'ils adoptent et à la capacité et au type de rangement qu'ils intègrent. Quelqu'un qui voyage en été va peut-être se contenter d'une douche solaire et d'une pelle pour ses petits besoins, alors que l'aventurier de l'hiver va sans doute privilégier des toilettes et une douche intérieures.

Comment aimez-vous passer le temps ?

Peut-être qu'un espace de rangement pour deux chaises longues est de la plus haute importance pour vous ou encore construire un garage à vélos fixe ? Le propriétaire de Wanda, ci-dessous, explique comment son choix de passe-temps a influencé la conception de son van.

Comment notre passion pour l'escalade a influencé la conception de notre van

Naomi Fiddes-Baron

En ce qui concerne l'aménagement de votre van, le plus important est de vous demander pourquoi vous en vouliez un à la base. Nous avons acheté un van, car nous sommes passionnés d'escalade et de montagne, et parce que nous voulions éviter les départs à 5 heures du matin pour obtenir les meilleurs emplacements sur les voies d'escalade. Avec un van plus petit, il est difficile d'avoir un maximum d'espaces de rangement sans trop l'encombrer et sans se sentir à l'étroit ; l'astuce est de réfléchir précisément à ce dont vous avez besoin et de concevoir votre van en conséquence. Par exemple, un tiroir qui sert non seulement à laver les combinaisons de plongée pour les journées en bord de mer, mais qui peut aussi contenir un sac à dos de 70 litres rempli de matériel pour l'escalade et de piolets pour les aventures en pleine nature. Les boulons d'escalade peuvent être fixés au plafond pour y faire sécher des objets et être transférés au sol pour fixer la caisse du chien lors des déplacements. Nous avons un tiroir qui est dimensionné spécifiquement pour ranger deux cordes et six paires de chaussons d'escalade.

Le côté pratique a été pensé pour chaque zone de rangement : une étagère a été installée au-dessus de la plaque de cuisson pour y mettre les aliments préparés, une planche à découper sur mesure qui se pose sur l'évier a été ajoutée, doublant ainsi la surface de travail disponible, et puis il y a le réfrigérateur à chargement par le haut. Wanda fait preuve d'imagination pour tirer le meilleur parti de l'espace disponible.

Qui va effectuer l'aménagement ?

Ce qui me passionne le plus chez Quirky Campers c'est de mettre en avant l'artisanat. Je crois fermement que l'aménagement d'un van est une réelle opportunité pour acquérir de nouvelles compétences, mais je soutiens aussi les artisans.

Cela vaut la peine de dresser un inventaire de ses compétences : lesquelles vous et les autres personnes impliquées dans l'aménagement possédez déjà ? Qu'est-ce que vous aimeriez apprendre ? N'ayez pas peur d'engager quelqu'un d'autre pour faire ce que vous ne pouvez ou ne voulez pas faire - c'est comme ça que le projet avancera.

Ce que l'artisanat signifie pour nous

Anita Peggie

L'artisanat peut être un mot effrayant - il fait penser à un travail de précision, voire de perfection. L'artisanat, pour moi, ce n'est pas du tout ça. Quand on conçoit un van, la recherche de la perfection est une très mauvaise idée! Avec quelques compétences de base et suffisamment de temps pour réfléchir à ce que vous faites, la menuiserie nécessaire pour créer un très beau van est à la portée de la plupart d'entre nous.

Pour nos projets, nous aimons utiliser le chêne de tonneaux de whisky récupérés. Les imperfections du bois ajoutent au charme rustique que nous essayons de recréer. Utiliser autant que possible du bois récupéré est vraiment le seul moyen d'avancer. Il suffit de regarder attentivement ce que vous avez à portée de main et de voir comment vous pouvez l'utiliser au mieux.

Il y a un artisan en chacun de nous, et vous pouvez le libérer en faisant abstraction de vos inquiétudes – il ne faut pas croire qu'il faut avoir une formation professionnelle - nous n'en avons pas - lancez-vous!

Quels matériaux allez-vous utiliser ?

Simon Newbury

Le choix des matériaux est ce qui distingue un van un peu original d'un aménagement plus traditionnel. Oubliez le mélaminé à rebords en caoutchouc, les équipements de cuisine en plastique et les matériaux synthétiques. À la place, vous trouverez du bois de récupération, de la quincaillerie traditionnelle, du cuivre (beaucoup de cuivre), de la laine et une foule d'autres choses, récupérées ou non. Commencez avec ce qui est à portée de main, peut-être avez-vous une pile de palettes ou des restes de carrelage provenant de la rénovation de votre cuisine ? Pouvez-vous réutiliser les placards pour le van ? Faire usage de ce que vous avez sous la main vous permettra de faire des économies, mais aussi de faire preuve d'originalité.

Matériaux

Simon Newbury

Voici ce que je prends en compte concernant les matériaux. À quoi cela ressemblera quand je me réveille le matin ? J'aime le contraste entre les différents types de bois et les courbes que l'on peut obtenir. C'est un matériau tellement facile à utiliser et qui permet souvent de cacher quelques inégalités, alors que faire des panneaux droits est bien plus difficile.

Quelques outils sont impératifs quand je travaille : une ponceuse à bande, incontournable ; un tournevis à cliquet qui marche bien ; deux bonnes scies ; une scie sauteuse ; une paire de perceuses sans fil ; et quelques serre-joints.

J'aime réaliser des projets d'aménagement un peu plus complexes avec du cèdre, car c'est un bois qui se travaille vite, qui est léger et étonnamment bon marché si vous achetez des planches brutes – en quelques secondes, c'est poncé. Sans oublier que les lames de 8 mm ne pèsent qu'environ 12 % de plus que le contreplaqué de 5 mm. Les bois durs et épais pèsent lourd, mais ils peuvent être utiles pour les petites zones sollicitées : plan de travail, plinthes.

J'utilise un pèse-personne pour peser TOUT ce qui rentre dans le van, et je note sur un morceau de bois à portée de main afin de toujours savoir à quel point je me rapproche de la limite de charge utile.

Si pour vous le métal est une bonne option, mais que vous ne savez pas souder, un professionnel n'est jamais très loin. J'ai trouvé quelques solutions très cool créées à partir d'acier doux soudé qui m'ont permis de gagner en poids, en espace et en temps.

Comment allez-vous rendre votre van original et esthétique ?

Je suis fasciné par le fait de savoir qui a décidé que toutes les maisons sur roues devaient être recouvertes de moquette grise, que seul du tissu à fleurs délavé devait être utilisé pour la sellerie (ou bien du vinyle pour les VW) et que les éviers devaient tous être faits de plastique beige. Pendant longtemps, même les bricoleurs amateurs semblaient s'efforcer de recréer ce look. Mais plus maintenant. L'esthétique est enfin arrivée dans les vans, et l'art et la créativité abondent. Il y a tellement de façons de rendre votre espace accueillant, joli, et de faire en sorte qu'il soit le reflet de votre personnalité. En voici quelques-unes...

1. La sellerie – voir ci-dessous.
2. Créations artistiques – des peintures murales aux gravures.
3. Crédences – métal récupéré, carrelage fait main, pour ne citer que quelques idées.
4. Déco extérieure – qu'il s'agisse de peinture ou de stickers.
5. Vos « affaires » – achetées, trouvées, fabriquées ou récupérées.

Le côté esthétique

Cat Sinnamon Large

Lorsque vous réalisez la déco intérieure de votre van, commencez par les couleurs. Je recommande de ne pas utiliser une palette de plus de quatre ou cinq teintes. Des couleurs claires donneront l'impression d'avoir plus d'espace. Vous pouvez l'agrémenter de coussins lumineux, de plaids et de beaux objets pour le rendre plus confortable.

L'élément qui lie le tout est l'habillage (la sellerie automobile, par exemple les sièges, les accoudoirs, les panneaux de portière, les garnitures de toit, etc.) et les autres éléments de déco (comme les housses de coussins, les rideaux, les tapis et les draps de lit). En tant qu'artisan tapissier et propriétaire d'un van, je pense que le bonheur esthétique se trouve dans les petits détails. Cela peut rester très simple. Une touche de couleur utilisée de manière cohérente dans tout le van, du passepoil des coussins aux tiroirs de cuisine, de la vaisselle au tissu des rideaux et des draps de lit. Vous serez étonné de voir l'effet de ces petites touches sur l'ambiance dans votre espace de vie.

Pour le tissu, il faut vous rappeler votre choix de coloris, comme je le suggère plus haut. Vous devez trouver un équilibre entre durabilité, praticité et créativité. Le vinyle et le cuir sont tous deux des matériaux extrêmement fonctionnels, résistants et faciles à nettoyer, ce qui est un gros avantage si vous avez des enfants et/ou des animaux. Renseignez-vous auprès des fabricants de tissus. Le « nombre maximal de frottements » vous permettra de savoir si le tissu convient à l'usage que vous voulez en faire. Sans oublier que de nombreux facteurs peuvent affecter la résistance des tissus, notamment l'exposition aux UV, le lavage, la saleté, les traitements ignifuges et les animaux domestiques.

Que pouvons-nous conclure de ces contributions ? Il y a un aménageur de van en chacun de nous. Il n'y a pas une « bonne » manière de faire, mais il y a tant de gens qui montrent la voie. Comme dans la vie, ne tentez pas de recopier maladroitement l'idée de quelqu'un d'autre, mais créez la meilleure version de la vôtre.

Le Mercedes Vario 4x4

par Becky Gaskin

Étude de cas n° 1

Je m'appelle Becky et j'ai rencontré Ant dans un skate park près de chez moi, il y a environ 11 ans. Il pratique le BMX et, bien qu'il soit trop modeste pour le dire, il est très doué sur un vélo. C'est aussi un ébéniste de talent et quelqu'un de très apte avec ses mains, capable de s'essayer à tout. Il sait mieux que personne que l'on ne devient pas expert dans un domaine parce que l'on est naturellement doué. Il faut de la passion et de la persévérance, mais, surtout, il faut prendre plaisir à essayer de repousser ses limites.

À mon avis, nous partageons la même vision pour les voyages en van. Il n'a jamais été question du van, mais plutôt de là où il peut nous conduire, et notre nouveau van est sans aucun doute à la hauteur. Au début de notre relation, on voyageait dans sa Vauxhall Astra Break. Avec ma planche de surf, son BMX, un matelas gonflable et un réchaud de camping, tous entassés à l'arrière. C'était loin d'être le grand luxe et agréable tous les jours, mais cela nous a ouvert les portes d'un monde d'opportunités et d'aventures en étant à la recherche de spots de surf et de ride dans tout le pays. Nous avons vite réalisé que nous manquions d'espace, alors Ant a investi dans un VW T4 qu'il a converti en van.

Nos voyages se sont ensuite rallongés vers l'Europe, où nous avons passé beaucoup de temps à explorer le sud de la France et l'Espagne. Ce n'est que quelques années plus tard que nous est venue l'idée d'un espace de vie plus agréable. Une décision en a entraîné une autre, et nous avons finalement vendu notre T4 adoré et acheté un van Hymer de 1996. Ce fut l'une des meilleures décisions que nous ayons jamais prises. Ant avait toujours aimé les Hymer pour leur caractère et leur qualité, et le nôtre a certainement été mis à l'épreuve et poussé au-delà de ses limites lorsque nos voyages sont devenus de plus en plus audacieux.
Nous avons vite réalisé que, pour nous, la vanlife n'avait jamais été une question de destination... mais plutôt d'aventures sur la route, de repousser nos limites et d'explorer l'inconnu. Avec le temps, il était inévitable que nous ayons besoin de plus d'espace que dans notre fourgon 2WD. Le désir d'aller là où les routes goudronnées ne vont pas est né au Maroc, où nous avons voyagé avec notre fidèle Hymer sur des glissements de terrain, des routes montagneuses et des coulées de neige. Mais ce n'est qu'à notre arrivée en Islande que nous avons compris qu'il fallait prendre le taureau par les cornes et acheter un van 4WD. Les possibilités d'exploration sont soudain devenues infinies et nous avons commencé à évoquer l'idée de faire un voyage autour du monde.

Nous étions vraiment animés par l'idée de conduire un véhicule et de repousser nos limites jusqu'aux coins les plus reculés de la planète, où l'on découvre de nouveaux lieux et leur âme. Mais il a d'abord fallu trouver un véhicule capable de voyager par voie terrestre, car il fallait traverser des rivières, transporter davantage de provisions, d'eau et de carburant. Nous nous sommes immédiatement mis à la recherche d'un nouveau projet et le destin a fait que le van idéal a été mis en vente juste à ce moment-là. C'était un fourgon Mercedes Vario 4x4 à empattement moyen, que nous appelons désormais affectueusement «Big Red».

Pourquoi avons-nous choisi un Mercedes Vario 4x4 ?

Le Vario est l'un des seuls véhicules capables de combler l'écart entre le camion et le van. Nous étions tous deux d'accord qu'un véhicule à empattement moyen était une taille suffisamment confortable pour vivre et voyager, nous offrant un espace de vie plus grand sans trop compromettre l'angle de sortie. Sa taille lui confère également une bonne maniabilité ; les 4 roues motrices offrent une bonne capacité hors route ; et la robustesse de son châssis et une capacité de charge largement suffisante (jusqu'à 7,5 tonnes) nous permettent de supporter les contraintes de la conduite en tout-terrain avec le poids supplémentaire des provisions dont nous aurions besoin.

L'aménagement et la construction du van de nos rêves

Comme pour tous les voyages sur route, nous avions prévu de nous absenter pendant de longues périodes. Il était donc important pour nous de nous sentir comme à la maison dans notre van. La plupart des modèles aménagés sont très bien faits, mais, à notre avis, on peut améliorer les matériaux utilisés. Comme Ant est ébéniste, nous voulions utiliser ses connaissances et ses compétences pour construire quelque chose de bien fait, de pratique et d'esthétique. Pour concevoir l'espace, nous nous sommes beaucoup inspirés du van lui-même. Nous voulions garder les bords carrés, mais atténués, et nous avons essayé tant bien que mal de conserver les courbes douces caractéristiques du van pour les murs et le plafond.

Ces courbes ont été parmi les choses les plus difficiles à réaliser lors de la construction, mais ça en a valu la peine. Nous nous sommes également inspirés des matériaux utilisés pour la construction des bateaux, ainsi que des courbes fluides et des rebords arrondis et solides que l'on retrouve à l'intérieur de ces derniers. Nous avons tout de même essayé de garder les dimensions d'origine de l'Hymer, en prêtant une attention particulière aux caractéristiques qui nous semblaient bien fonctionner. Nous avons fini par garder les mêmes proportions pour les meubles de l'Hymer et nous nous sommes inspirés de leurs matériaux solides, mais légers. Comme nous voyageons souvent dans des endroits magnifiques et que nous aimons passer du temps dans la nature, nous

SMOKING AREA

voulions également apporter un élément naturel à la construction... comme si nous faisions entrer l'extérieur à l'intérieur. Dans la mesure du possible, nous avons essayé d'utiliser des matériaux écologiques et naturels, et cette thématique se retrouve dans tout le van, jusque dans les moindres détails. Toutes les tasses et les assiettes sont fabriquées en bambou biodégradable, et le verre remplace le plastique quand c'est possible.

Les matériaux

Comme nous aimons passer du temps à la montagne pendant de longues périodes – pour faire du snowboard en hiver – nous avons décidé d'isoler le van avec du Celotex, car il a d'excellentes propriétés d'isolation et protège aussi contre l'humidité. Nous avons revêtu les murs d'un contreplaqué verni léger de 6 mm, que nous avons repeint en blanc pour garder de la luminosité, et le sol est recouvert d'un lino léger, mais résistant, afin de le rendre totalement étanche et pour le protéger contre l'humidité. Les meubles sont fabriqués à partir d'un mélange de noyer et de contreplaqué verni de couleur chêne blanc.

Ces matériaux ont été choisis parce qu'ils sont à la fois esthétiques, légers et solides. Les murs de notre garage sont faits de mélaminé blanc de 15 mm d'épaisseur, et le sol du garage est en contreplaqué marine antidérapant en bouleau, ces deux matériaux étant résistants et imperméables. Enfin, nous avons habillé la salle de bains en PVC blanc, toujours pour ses propriétés d'étanchéité et de légèreté.

L'énergie et le système électronique

Lorsque nous étions à la recherche de notre camion, nous ne voulions pas d'un véhicule doté d'un système électrique moderne. Ainsi, en cas de problème, il serait possible de le faire réparer facilement n'importe où dans le monde. Cependant, sur ce point, nous avons dû faire des compromis. Nous nous sommes vite rendu compte que les fourgons 4x4 Mercedes Vario étaient très rares à trouver, alors quand il y en a eu un à vendre, il fallait absolument le prendre. Notre fourgon a été construit en 2005, donc le système électrique n'est pas trop compliqué... s'il posait des problèmes à l'avenir, nous devrions pouvoir le simplifier.

Notre van fonctionne avec une puissance de 24 volts et notre espace de vie avec 12 volts. Nous avons un chargeur de batterie Sterling, qui recharge le système 12V lorsque le moteur tourne. Nous avons également un branchement électrique qui recharge les systèmes 24V et 12V lorsqu'ils sont connectés au secteur. Nous avons choisi deux batteries lithium de 110 Ah, car elles se rechargent rapidement, elles ont une longue durée de vie et elles peuvent être vidées à 20 % sans être endommagées. Nous prévoyons aussi d'installer plus de 300 watts de panneaux solaires sur le toit afin de disposer d'une alimentation gratuite hors réseau.

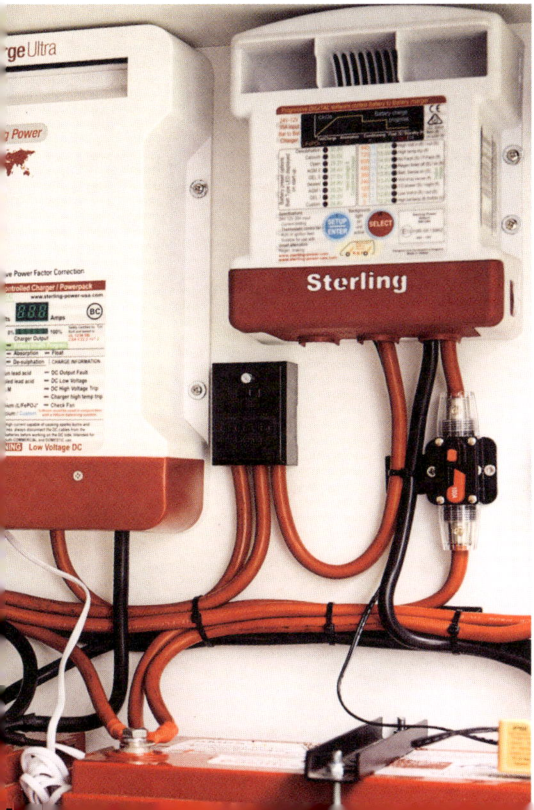
Sterling
SETUP ENTER
SELECT
Low Voltage DC

La plomberie, le chauffage et l'installation d'eau

L'un des articles les plus chers que nous avons achetés pour notre van est un chauffe-eau Truma Combi. Il sera essentiel lorsque nous camperons en montagne en hiver, car il fournira à notre van du chauffage et de l'eau chaude. Nous avons installé des conduits de chauffage à différents endroits du van, notamment dans l'espace de vie principal, le garage, la cabine à l'avant et la salle de bains, afin de distribuer la chaleur de manière homogène dans tout le véhicule. Nous avons choisi ce chauffe-eau en particulier parce qu'il fonctionne au diesel, que l'on peut se procurer dans le monde entier. L'alimentation en eau du chauffe-eau, de la douche et de la cuisine se fait grâce à un réservoir d'eau de 125 litres auquel tout est relié. Nous avons placé ce réservoir sous le siège, au centre du véhicule, afin de répartir le poids de manière homogène dans le van. Nous transportons également 40 litres supplémentaires d'eau potable dans des jerrycans en cas de besoin. Une vanne de remplissage a été installée à l'extérieur du fourgon pour faire le plein d'eau fraîche, et nous avons un petit réservoir pour les eaux usées situé sous le van.

Sous le van, nous avons également installé une citerne Gasit GPL de 20 litres pour cuisiner, car pour les autres appareils nous utilisons du diesel ou de l'électricité. Nous aurions voulu une citerne plus grande, mais il n'y avait pas beaucoup d'espace sous le van à cause de tous les réservoirs pour les freins pneumatiques! Le GPL est facile à trouver dans la plupart des pays européens, mais il n'est pas disponible partout. Nous allons donc installer une arrivée de gaz dans le garage où nous pourrons brancher des bouteilles étrangères. Nous avions auparavant utilisé des toilettes à cassette, mais nous étions tous les deux sûrs qu'il existait une meilleure solution. Elles nous semblaient dépassées et rendaient difficile le camping sauvage sur de longues périodes, car chaque semaine il fallait trouver une aire de services pour camping-cars afin de nous débarrasser des déchets. Les eaux usées produites par le mélange de solides et de liquides étaient horribles. Nous avons lu beaucoup de commentaires en ligne sur les toilettes sèches, et elles nous semblaient beaucoup plus propres et un meilleur choix pour l'environnement, sans les eaux usées ni les odeurs. Elles ne nécessitent pas l'installation de tuyaux et peuvent durer jusqu'à quatre semaines avant de devoir être vidées. Nous avons choisi les toilettes Airhead que nous n'avons pas encore essayées, mais ce système semble meilleur que l'option à cassette.

Le projet aboutira dans quelques mois, et nous sommes impatients de commencer à explorer des endroits où nous ne sommes pas encore allés. Nous sommes vraiment contents du fruit de notre travail et c'est un réel plaisir d'être à l'intérieur. Bien que nous y ayons mis tout notre cœur et toute notre âme, je dois vraiment remercier Ant d'avoir créé un si bel espace de vie pour nos voyages. C'est réellement un témoignage de ses compétences d'ébéniste, et je suis si fière de lui et de ce qu'il a accompli.

VARIO
4x4

814 D
YN54 YFU

Le Volkswagen LT

par Clémence Polge

Étude de cas n° 2

Certains disent que le plus compliqué dans n'importe quel processus n'est pas l'acte en lui-même, mais la décision de passer à l'acte. Ces gens-là n'ont probablement jamais essayé de transformer un van par leurs propres moyens. Bien que, pour être tout à fait honnête, la décision de se lancer dans la vanlife a été un processus assez long pour nous. Cela remonte à nos vacances en Norvège en 2015 et à un road trip au Canada un an après.

Notre voyage en Norvège a duré un peu moins de deux semaines, pendant lesquelles nous sommes montés à bord de sept ou huit avions. Cela, et le fait que le voyage ait été si court, a été une source de frustration pour nous, car nous n'avons pas vraiment pu voir le pays comme on le voulait. Pour notre voyage suivant, nous avons donc fait l'inverse, nous avons loué une voiture, acheté un matelas chez IKEA que nous avons mis à l'arrière, et nous avons fait la route de Vancouver à Calgary. C'est là que nous avons réalisé deux choses : premièrement, c'était comme ça que l'on voulait voyager, et deuxièmement, ce serait même agréable de vivre comme ça ! Nous avions toujours voulu passer du temps à l'étranger, mais ce road trip nous a fait prendre conscience d'une chose très simple : nous ne voulions pas simplement reproduire notre mode de vie dans un pays différent… Dès lors, l'idée de la vanlife a lentement fait son chemin dans nos têtes. Nous en avons longuement discuté, pesé le pour et le contre. Mais, à un moment donné, il a fallu prendre une décision. Et nous avons foncé.

Et c'est là que le défi est devenu réalité, car il a fallu trouver un van qui répondrait à nos besoins. Essentiellement un van dans lequel nous pourrions tenir debout (Thomas mesure 2,03 m), car nous avions l'intention d'y vivre à plein temps aussi longtemps que possible. Nous voulions également un véhicule à quatre roues motrices, et nous avions un budget limité… Nous avons donc cherché ; il y a eu quelques pistes, la plupart d'entre elles décevantes. Jusqu'à ce que nous tombions sur notre gros bébé, un ancien véhicule de la police luxembourgeoise, un magnifique Volkswagen LT40. Lorsque nous avons contacté le propriétaire, il s'est avéré être juste à côté de notre appartement. Le moment et le lieu idéal ! Nous n'avons pas perdu de temps, et après un court essai sur la route et une poignée de main plus tard, le rêve prenait forme !

Et c'est là que c'est monté d'un cran. Il y avait beaucoup de travail à faire sur la carrosserie du van, ce qui a duré plus d'un mois et nécessité l'aide du père de Thomas (qui continuera d'être un contributeur majeur dans l'aménagement plus tard) et d'un ami mécanicien. Nous en avons profité pour quitter nos emplois, vider notre appartement, déménager dans les Pyrénées (là où l'aménagement aurait lieu) et attendre le Lieutenant (LT, c'était logique !). Plus de deux mois après l'achat du van, le travail allait enfin pouvoir commencer.

Et c'est là que c'est encore monté d'un cran - et c'était assez effrayant, car ni l'un ni l'autre n'avions de réelle expérience en matière de travaux manuels à l'époque. Tandis que Clémence avait fait appel à ses compétences d'architecte d'intérieur et de graphisme pour dessiner les plans, le gros du travail allait être une tout autre aventure. Les trois personnes dans notre équipe avaient toutes des caractères bien trempés – au passage, un grand merci au Dieu du van pour l'aide du père de Thomas, qui avait tous les outils nécessaires et plus de 40 ans d'expérience. Trois personnes qui aiment faire les choses à leur façon, à leur rythme. Ce qui n'était jamais assez rapide pour nous, évidemment. Même si nous nous aimons beaucoup, il y a eu des moments assez difficiles, pour rester poli. Surtout quand nous avons réalisé que nous avions été un peu trop optimistes quant au temps dont nous aurions besoin. Trois mois se sont transformés en six ; la solidité de notre couple a été mise à l'épreuve chaque jour. Mais nous avons tenu bon.

Quant à l'aménagement lui-même, nous avons appris au fur et à mesure que cela avançait. Et en toute modestie, nous nous sommes plutôt bien débrouillés compte tenu des circonstances. Certains des panneaux de contreplaqué, par exemple, sont de véritables œuvres d'art, poncés à la perfection pour épouser les courbes du Lieutenant. Parfois, lorsque nous nous reposons dans le van le soir, nous avons encore du mal à croire à quel point c'était compliqué par moments, combien de temps il a fallu pour transformer ce vieux tacot tout sale (l'ancien propriétaire y transportait des motocross et des pièces détachées) en un espace de vie convenable. Après avoir vécu dedans pendant plus de six mois, nous n'avons encore rien trouvé que nous aurions fait autrement.
En fait, le seul vrai débat que nous avons eu a été de savoir si nous devions ou non avoir l'eau courante dans le van. Pourrions-nous maintenir le poids total du van en dessous de 3,5 tonnes ? Et surtout, avoir l'eau courante dans le van correspondait-il à notre vision de ce nouveau mode de vie ? Au bout du compte, nous avons décidé qu'avoir l'eau courante n'était pas essentiel. Et même après un long hiver sur la route, nous croyons fermement avoir pris la bonne décision.

En revanche, nous nous sommes fait plaisir, encore une très bonne idée, en choisissant des toilettes sèches avec porte. Par toilettes sèches, nous entendons un seau dans un petit espace avec une vraie porte. Plutôt chic ! Nous pouvions nous le permettre en termes d'espace, et comme des toilettes ne sont pas toujours faciles à trouver, que nous soyons en ville la nuit ou dans la nature pendant la saison froide, cela semblait être une bonne acquisition. Et ça s'est bien passé !
Dans l'ensemble, nous sommes très satisfaits de notre travail, et fiers de ce que nous avons réalisé

ER-259-ZL

compte tenu de notre manque total d'expérience. À bien des égards, c'était un pari risqué pour nous. Mais avec des efforts et un peu (beaucoup!) d'aide ici et là, nous avons l'impression d'avoir conçu un petit nid douillet.

Le lien affectif que vous avez avec votre maison roulante lorsqu'elle a été construite de vos propres mains à partir d'une vieille camionnette vide et sale est assez étrange. C'est même difficile à décrire. Parfois, nous discutons entre nous de la possibilité, ou même simplement de l'idée, de vendre notre LT pour trouver un van plus récent avec un moteur plus fiable. Mais l'idée que quelqu'un d'autre pourrait vivre à l'intérieur nous met mal à l'aise. Le simple fait de penser qu'un jour notre Lieutenant ne sera peut-être plus en mesure de nous mener vers d'autres aventures nous rend tristes. En général, nous écourtons ces conversations, car cette idée nous gêne. C'est dire à quel point nous aimons notre gros bébé!

Tout compte fait, nous sommes sûrs d'une chose : transformer un camion militaire tout rouillé en une maison roulante idéale et adopter une vie nomade était la bonne décision! Et si nous avons fait le choix de commencer par l'Europe, c'est aussi pour notre chatte, Nel! Nous ne voulions pas qu'elle soit obligée d'observer une période de quarantaine...

Nel s'est très bien adaptée à sa nouvelle vie, et le Lieutenant est rapidement devenu sa maison et son camp de base lorsqu'elle part en balade dans la nature... Elle sait toujours où revenir en cas de danger! Pour ce qui est du van, nous lui avons aménagé un joli coin pour dormir avec un hamac... Mais elle trouve toujours de nouveaux endroits pour faire la sieste, que nous soyons en mouvement ou à l'arrêt, cachée quelque part pour ne pas être dérangée ou en hauteur pour voir ce qui se passe dehors...

Évidemment, voyager avec un chat implique de faire quelques ajustements au quotidien. Nous essayons de rendre le voyage aussi agréable pour elle que pour nous, et nous nous adaptons à ses besoins autant que possible. Cela signifie que nous ne restons jamais très longtemps dehors lorsqu'il fait trop chaud, que nous nous garons toujours dans des endroits tranquilles et ombragés, qu'elle a toujours de l'eau et que les fenêtres ou la lucarne sont toujours ouvertes. En fait, le confort et la tranquillité de Nel sont toujours au premier plan lorsqu'on décide de faire quelque chose... mais c'est tellement génial d'observer son comportement dans la nature et comment elle suit son instinct! Récemment, elle a même commencé à se nourrir à l'extérieur!

Le rêve Delica

par Andrew Groves

Une aventure dans le monde merveilleux des vans japonais

Cela fait presque douze ans que j'ai quitté le Japon, et pourtant, il ne se passe pas un jour sans que je pense à mon séjour là-bas. Une année à vivre au pied des montagnes d'Hokkaido et une autre à la périphérie de la métropole de Tokyo où les gens se bousculent - deux expériences très différentes, mais pendant lesquelles j'ai énormément appris. À l'origine, c'est l'esthétique qui m'a attiré au Japon. En tant que graphiste et illustrateur, j'ai ressenti une joie et une inspiration sans fin avec la culture visuelle - les mascottes illustrées et la typographie exotique, le mélange parfois inconfortable de tradition et d'ultramodernité. J'aimais regarder les enseignes au néon criardes accolées aux montagnes enneigées d'un blanc pur, et j'adorais les proportions étranges des monospaces et des voitures - minuscules, étroites et tout en hauteur, comme des versions jouets de véhicules réels.

Bien que court, le temps passé au Japon a réussi à se fondre dans presque tous les aspects de ma vie, même aujourd'hui. Lorsque, il y a quelques années, j'ai commencé à avoir envie d'un van digne de grandes aventures, j'ai immédiatement su que seul un véhicule japonais ferait l'affaire. Je voulais quelque chose de fiable, un véhicule dans lequel je pourrais ranger des planches de surf, du matériel de camping et d'activités de plein air, un véhicule capable de rouler en tout-terrain, mais surtout, je voulais quelque chose qui me donnerait du plaisir.

Une recherche sommaire m'a rapidement fait découvrir un monde fou sur Internet, un monde de véhicules miniatures étranges et merveilleux. La plus petite catégorie de véhicules autorisés à rouler au Japon s'appelle kei jidosha, ce qui signifie en gros « automobile légère ». Fabriquées en premier dans le Japon de l'après-guerre, les voitures kei sont construites selon des dimensions et des tailles de moteur strictes afin de bénéficier de taxes et d'assurances réduites, et de respecter les normes en matière d'émissions. Les voitures kei ont évolué et pris beaucoup de formes différentes, des fourgons, des camions à quatre roues motrices, des vans et même des camping-cars qui avaient tous été réduits pour répondre aux critères kei, ce qui explique en grande partie pourquoi les voitures japonaises ont cet air-là.

デリカ ドリーミング

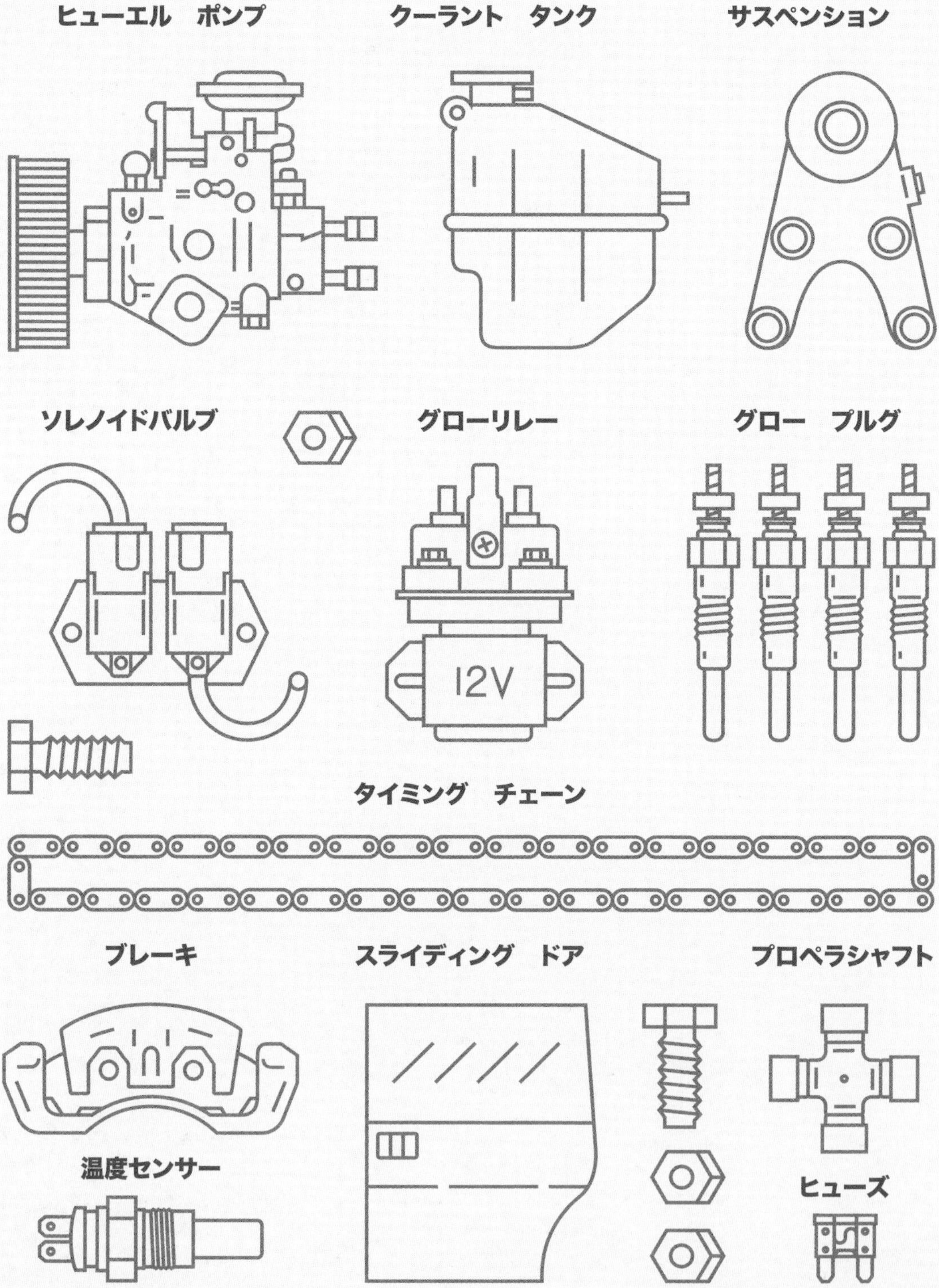
ヒューエル　ポンプ
クーラント　タンク
サスペンション
ソレノイドバルブ
グローリレー
12V
グロー　プルグ
タイミング　チェーン
ブレーキ
スライディング　ドア
プロペラシャフト
温度センサー
ヒューズ

Bien que très attiré par l'idée d'un mini fourgon, il me fallait quelque chose de plus grand et d'un peu plus sauvage. Je ne me souviens pas exactement comment j'ai découvert le Mitsubishi Delica, mais dès le premier instant, j'ai su que c'était exactement le genre de van que je recherchais. Peut-être mieux décrit comme un 4x4 MPV, visuellement le Delica me rappelait les vans kei : grand, étroit, d'apparence légèrement écrasée, étrangement mignon, mais en même temps menaçant. Une garde au sol élevée, de grandes roues, des pare-buffles imposants, des marchepieds et des échelles latérales sont autant d'éléments qui suggéraient la polyvalence et la robustesse tout-terrain que je recherchais.

Mitsubishi a commencé la fabrication du Delica en modèle fourgon en 1968, mais c'est à partir de 1982, lorsqu'ils ont introduit l'option 4x4, que les choses sont devenues vraiment intéressantes. Construit sur un châssis modifié de la Mitsubishi Pajero, le Delica est une machine tout-terrain performante, équipée d'un différentiel central verrouillable. Avec quelques modifications mineures, vous pouvez l'emmener presque partout. C'était un avantage considérable pour moi, car j'anime des ateliers de formation en techniques forestières traditionnelles et de plein air, ce qui m'amène régulièrement à transporter des outils, du bois et du matériel de camping sur des pistes forestières boueuses dans les bois près de chez moi. J'ai ensuite appris que Toyota fabriquait également des versions 4x4 robustes de plusieurs de ses camionnettes de tourisme, le LiteAce, le TownAce Wagon et le HiAce Super Custom.

Comme le Delica, ce sont des véhicules tout-terrain très performants, mais suffisamment grands pour transporter huit ou neuf personnes confortablement. Leurs sièges pouvant pivoter, s'orienter, s'ajuster et se replier à plat pour former une plate-forme de couchage de grande taille. Ils sont même équipés de rideaux coulissants, ce qui veut dire qu'ils sont parés pour des aventures nocturnes dès leur sortie d'usine. Une fois que l'on a visité le Japon ou que l'on y a vécu, il est facile de comprendre pourquoi ce type de véhicule y est courant ; environ 75 % de la masse terrestre est montagneuse et les régions du nord ont d'énormes quantités de neige chaque hiver.

J'ai rêvé de posséder un Delica ou un Toyota 4WD pendant environ quatre ans après avoir appris que le van parfait pour ma vie personnelle et professionnelle existait bel et bien. Je me suis inscrit pour recevoir des alertes sur Autotrader et eBay m'informant de leur disponibilité, même si je n'avais pas les moyens d'en acheter un. L'argent est rare pour un travailleur indépendant qui fait plein de métiers différents. Au cours de ces quatre années, j'ai appris que l'on pouvait trouver un Delica beaucoup plus facilement au Royaume-Uni, et qu'il était moins cher que ses cousins Toyota. J'ai également appris qu'en raison du moteur, du châssis et de divers autres composants en commun avec le Mitsubishi Pajero, il était plus facile de se procurer des pièces de rechange pour le Delica, et c'est ainsi que le Mitsubishi a commencé à me faire de l'œil. Ma femme Emma et moi étions éperdument excités chaque fois que nous croisions un Delica dans la campagne. En acheter un restait cependant de l'ordre du rêve, jusqu'à ce que finalement, en 2017, une opportunité

inattendue s'est présentée. Notre deuxième voiture, une vieille Daihatsu Terios que j'utilisais pour transporter du bois, me rendre à de petits boulots dans la forêt et faire des courses dans les environs, a décidé de mourir de façon spectaculaire. Comme nous venions d'avoir un fils, Benji, il fallait désespérément la remplacer et nous avons souscrit un crédit pour trouver une voiture plus raisonnable. Naturellement, nous avons fait preuve de responsabilité et avons rapidement acheté un Mitsubishi Delica 2.8TD 1996 tout rouillé et déglingué. Bien que moins brillant et plus cabossé que le Delica que nous souhaitions, le rêve devenait enfin réalité.

Depuis un an que je suis propriétaire d'un Delica, le rêve a le plus souvent pris des allures de cauchemar. Il a constamment fallu faire des réparations et des changements, de la maintenance et des modifications : la courroie de distribution, le joint de la pompe à carburant, le différentiel, le relais de bougie (deux fois), les bougies, l'arbre de transmission, les étriers de frein avant, les pneus, la vanne EGR, les rotules de suspension avant, le vase d'expansion, le capteur de température, de la soudure, la porte coulissante, le traitement antirouille et la protection du bas de caisse. En plus des réparations mécaniques, j'ai également isolé et doublé le plancher, enlevé trois des sièges arrière et réalisé une transformation primaire en van. Le dernier ajout est une tente de toit d'occasion et je pense que maintenant, enfin, je peux dire que le van est prêt pour l'aventure.

Malgré les problèmes, les pépins et les dépenses, nous adorons ce van. Nous aimons ses proportions obscures, ses panneaux de toit coulissants en verre, sa boussole et son inclinomètre montés sur le tableau de bord, son charme sauvage. Nous adorons le fait que toutes les instructions à l'intérieur soient en japonais et que nous sommes capables de les lire. Nous aimons le fait que nous ayons opté pour quelque chose de différent et que les gens dans la rue viennent nous parler pour en savoir plus sur le van. Il n'est pas parfait, et je doute qu'il soit un jour vraiment «fini», mais chaque fois que je vois le Delica garé dans l'allée, j'ai le sourire. Notre van a transcendé sa capacité à transporter des personnes et des objets pour devenir quelque chose auquel nous sommes émotionnellement attachés. Quelque chose qui nous rappelle le temps que nous avons passé dans les montagnes du Japon il y a douze ans. Quelque chose qui nous rappelle que nous sommes toujours en quête de nouvelles expériences et d'aventures.

LE TOYOTA HIACE 1992

LE TOYOTA LITEACE 4WD 1988

SKYLITE ROOF
4WD

4WD

LE HONDA ACTY STREET 1992

Comment construire une maison roulante

par Calum Creasey

Un guide sommaire

En construisant la Rolling Home derrière chez mon père avec des outils empruntés et quelques croquis sur des bouts de papier, je ne pensais jamais arriver où j'en suis aujourd'hui. Et pourtant, me voici, ouvrant le volet roulant d'un petit atelier dans les Cornouailles, au Royaume-Uni. Si le rêve initial était de partir en voyage en Europe dans un van, le suivant ce devait être de fabriquer ces véhicules pour que d'autres en profitent. Dans le monde numérique d'aujourd'hui, j'avais besoin d'avoir à nouveau des outils entre les mains.

J'ai grandi en fabriquant des objets, en travaillant pour mon père et en apprenant à travailler le bois et le métal. Couvert de poussière, les bras endoloris par des défis de conception à relever et un résultat final dont on peut être fier.

Onwards Adventure Vehicles est une entreprise que j'ai créée avec Duncan, l'un de mes meilleurs amis. Nous partageons une passion pour les vans, ayant passé de nombreuses nuits glacées dans de minuscules fourgons en quête de vagues. Adolescents, nous séchions les cours et conduisions pendant des heures pour souvent ne trouver que de petites vagues et beaucoup de vent. Ce qui rattrapait le coup, c'était de passer du temps dans le van. La bouilloire qui chauffe, le lit chaud. La lueur des fenêtres lorsque vous sortez pour regarder les étoiles et les fous rires que nous avons eus pendant les longs trajets.

Inclure une partie sur l'aménagement dans ce livre était une perspective intimidante. Ce qui suit est un aperçu de l'évolution d'une idée en une réalité utilisable. Certains choix sont imposés par l'aspect financier, d'autres par le design, et d'autres encore relèvent de préférences purement personnelles.

« Créez un véhicule qui vous fasse sourire lorsque vous le conduisez et dormez dedans. »

C'était ça l'objectif premier de ce projet de conversion. Je voulais associer un véhicule basique que je connaissais bien avec quelque chose d'inhabituel. Il y a sans doute des modèles plus adaptés en théorie, et le Volkswagen T4 est loin d'être original, mais, d'une certaine manière, le défi est encore plus grand. Aborder cette conversion avec un regard différent, en espérant que cela ouvre la voie à quelque chose de vraiment unique.

Le concept

L'objectif a été d'illustrer la relation entre le véhicule de base et l'espace de vie. Il fallait trouver ces éléments séparément et les associer avec succès pour obtenir un van polyvalent. Garder un peu de simplicité était essentiel ; le véhicule en particulier ne devrait nécessiter que très peu de modifications. Il est vrai que dans le passé, et sur d'autres projets, je n'aurais pas eu de problème à percer des panneaux en acier, découper des trous dans la carrosserie et modifier la structure d'un véhicule de base, mais comme des modèles avec un si faible kilométrage et dans un état impeccable sont de plus en plus rares, j'étais un peu réticent à modifier les caractéristiques d'origine.

J'ai vu beaucoup de conversions de ce type, comme des caravanes démontables installées sur le plateau d'un pick-up. J'ai également été inspiré par le «Kaloha camper», construit par Philipp Kentgens, et par un camion tout-terrain que j'avais vu à Milan, en Italie.

Le hasard a fait que nous sommes tombés sur une mini caravane en vente sur Internet. Fabriquée en 1985, elle s'accorderait parfaitement avec le style du Volkswagen des années 1990. Les dimensions étaient presque idéales et avec un poids total de 630 kg (y compris la remorque en acier), ce serait la base parfaite pour l'espace de vie.

Le véhicule de base

Tenez-vous en à ce que vous connaissez. Je connais le Volkswagen T4, car j'en ai possédé un pendant plus de dix ans. Je suis né dans les années 90 et j'aime ses lignes droites et sobres, et son style plutôt discret. Même l'introduction subtile d'une courbe ici et là fait allusion à l'approche du millénaire et à l'entrée de la conception des véhicules dans une nouvelle ère. Pour moi, cela fait du T4 le produit d'une époque révolue ; c'est le combi de ma génération. Un peu comme un vilain petit canard.

Je parcours les sites de vente en ligne à la recherche de vans plus que je ne voudrais l'admettre. Toujours à l'affût des modèles les plus rares. Ce qu'il faut savoir au sujet du T4, c'est qu'il en existe un grand nombre d'exemplaires encore en circulation. Bien entretenus, ils peuvent facilement dépasser les 300 000 kilomètres. D'ailleurs, le nôtre a 385 000 km au compteur. Le plus triste est qu'il est extrêmement difficile de trouver un modèle à faible kilométrage, en particulier un exemplaire dont le châssis n'a pas été ressoudé ou dont la carrosserie n'a pas été modifiée. Même les modèles propres en apparence peuvent, après un examen plus approfondi, se révéler être assez abîmés. Les traces de mastic sur la carrosserie, les peintures mal assorties et la soudure au niveau de la structure sont à examiner. Les antécédents du contrôle technique peuvent être d'une grande aide pour connaître l'histoire d'un véhicule. Il faut également penser au choix du moteur, car, après tout, c'est le cœur du véhicule. Le Transporter a été décliné en plusieurs versions de 1994 à 2005, s'agissant principalement de moteurs diesel, auxquels s'est ajouté plus tard le VR6 à essence. Je possède déjà un moteur atmosphérique 1.9 (sans turbo) et je trouve qu'il manque terriblement de puissance. Ce véhicule de base devra être une version 2.5 tdi, offrant plus de puissance et de confort.

Retour aux recherches sur Internet et, de temps en temps, une perle rare apparaît. Dans ce cas, un modèle 2001 avec 65 000 km au compteur. Il s'agit d'un Transporter à plateau à empattement long et à cabine simple. La carrosserie est en très bon état, n'ayant jamais été modifiée ou réparée. Ce qui est intéressant avec cette fourgonnette en particulier est qu'elle a été utilisée à titre privé, et après inspection elle n'a jamais été malmenée. L'embrayage est fantastique et un historique complet confirme qu'elle a été bien entretenue. La courroie de distribution et la pompe pour le liquide de refroidissement ont été changées récemment, factures à l'appui. Nous avons également fait une révision complète du véhicule, y compris la vidange et le remplacement de l'ancienne huile de moteur et des filtres.

Avec une charge utile maximale de 1300 kg, ce fourgon serait capable de transporter l'habitacle sans problème. Le plateau offre également la surface idéale pour monter la structure de la caravane pop-up.

L'habitacle

L'histoire de la caravane Rapido à toit relevable. Construite en 1985 par la société française Rapido, cette caravane présentait toutes les commodités de ses cousines plus spacieuses, mais avec des dimensions plus compactes. Elle pouvait donc être tractée par des voitures plus petites. La hauteur totale a été réduite au minimum grâce à l'ajout d'un toit relevable, permettant de réduire la résistance au vent et d'économiser du carburant. Montée sur une remorque à deux roues à simple essieu, la caravane pesait déjà très peu (630 kg). Nous avons acheté la caravane d'occasion, apparemment parfaitement étanche, mais aussi assez décolorée.
Il y avait peu de matériel récupérable à l'intérieur, bien usé. Cependant, l'aménagement d'origine faisait bon usage de l'espace. La caravane était équipée de fenêtres à double vitrage s'ouvrant

KP51 KXS
TDI

complètement sur tous les côtés, laissant entrer beaucoup de lumière naturelle. Le toit relevable est le meilleur atout de ce modèle : il suffit de tirer sur deux loquets pour que les charnières à ressort le relèvent en une fraction de seconde, augmentant ainsi la surface habitable intérieure de 40 cm. Cela signifie que lorsque la caravane est montée sur le plateau, son toit peut être abaissé pendant le voyage et relevé lorsqu'il est garé, ce qui réduit à nouveau la hauteur totale du véhicule et minimise la résistance supplémentaire au vent.

Après avoir démonté l'intérieur et vérifié l'intégrité structurelle de la coque, nous avons retiré la caravane de la remorque en acier. Le poids restant était ainsi d'environ 300 kg. La feuille blanche idéale pour notre projet. L'humidité avait endommagé la structure de la caravane, car elle n'avait pas servi depuis longtemps. Nous en avons profité pour reconstruire la partie inférieure du cadre en bois, en le renforçant autant que possible. Les passages de roue, désormais superflus, ont également été supprimés et recouverts. Pour ce faire, j'ai retiré les moulures en fibre de verre de la partie inférieure et les ai remplacées par des plaques d'aluminium «stucco» assorties au reste du revêtement extérieur. Nous avons retiré le mécanisme du toit relevable pour le nettoyer soigneusement avant de le remonter.

La coque et le mobilier

Comme pour toutes les conversions, minimiser le poids est essentiel. Des caissons simples et robustes construits en contreplaqué de bouleau et affublés de portes en bois dur fabriquées à la main. Cette approche nous a permis d'obtenir un intérieur pérenne, de poids moyen, mettant vraiment en valeur les bois utilisés. Finis le mélaminé et les panneaux en agglo de l'intérieur d'origine.

Afin de conserver un espace lumineux et aéré, nous avons opté pour des tons clairs et des matériaux naturels. L'aménagement est similaire à celui de la caravane d'origine, avec quelques modifications. Ce qui était l'avant de la caravane est maintenant l'arrière du véhicule. Le profil de la coque nous a obligés à le monter à l'envers sur le châssis. Une fois la coque vidée, nous avons remplacé le sous-plancher et de nouveau isolé les murs et le plancher. La coque a été fixée au châssis à l'aide de plaques de répartition et de gros boulons en acier.

Une fois ce travail accompli, nous avons reconstruit le mobilier, qui se compose désormais des éléments suivants :
- Une petite cuisine équipée avec des placards suspendus ;
- Un placard d'angle sur toute la hauteur de l'habitacle à côté du poêle à bois ;
- Deux banquettes et une table centrale qui se transforment en lit de taille standard ;
- Un placard suspendu offrant de grands espaces de rangement.

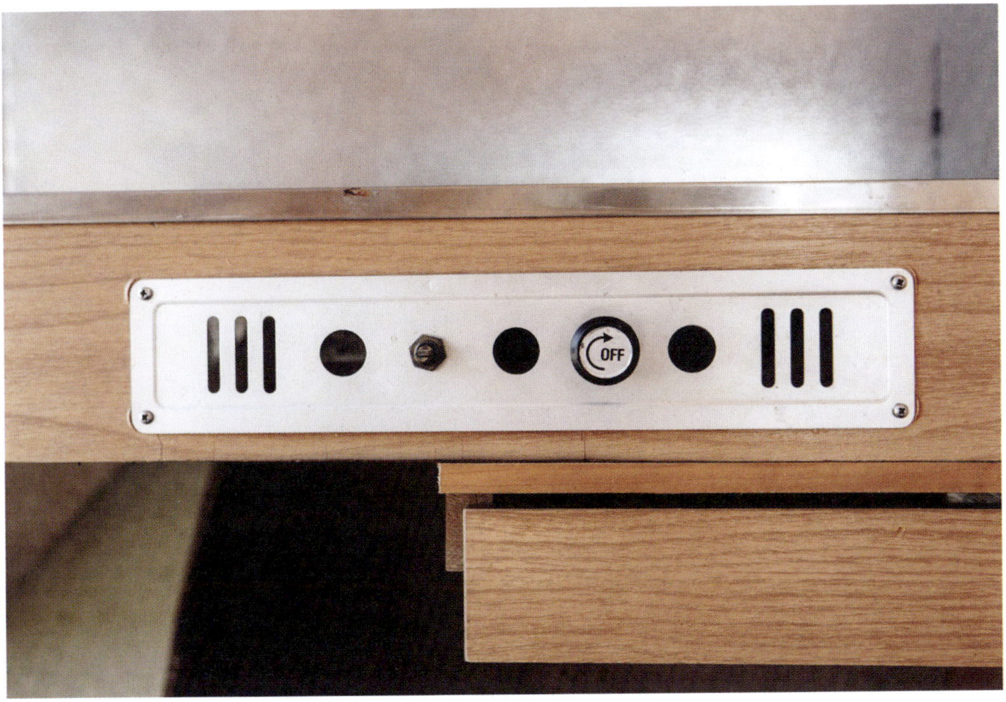
OFF

RAPIDO
GB
K59 ENL

L'installation électrique

Convertir l'autre van à l'énergie solaire avait été une idée fantastique. Il nous a fallu quelques années avant d'avoir le budget nécessaire, mais la première fois que nous avons goûté aux merveilles d'une bière fraîche dans le van, nous avons su que c'était une idée formidable. Un système électrique solaire bien installé vous permet d'économiser vos batteries pour les loisirs (séparées de la batterie de démarrage du véhicule) tout en fournissant de l'énergie pour la lumière, les réfrigérateurs, le chauffage et les prises de recharge. Notre système repose sur un circuit de 12 volts. Tous les appareils que nous utilisons tirent une faible quantité d'énergie de la batterie. C'est un élément essentiel, car cela nous permet d'en faire usage plus longtemps. En d'autres termes, nous ne consommons jamais plus d'énergie que ce que le panneau solaire est capable de fournir à la batterie, même par temps gris et couvert ici, au Royaume-Uni.

Nous avons choisi un contrôleur de charge solaire intelligent. Il existe une montagne d'informations en ligne sur les différentes marques et les divers modèles. Ce que j'ai constaté lors de l'aménagement de n'importe quel van est que l'achat de produits bon marché peut s'avérer être une fausse économie. Si le budget le permet, optez pour les systèmes les plus avancés, qui offrent souvent une meilleure qualité sur le long terme. Quel que soit le type de batterie que vous choisissez – une batterie solide, au lithium ou à plomb-acide scellée – elle doit être bien entretenue. La durée de vie d'une batterie peut être prolongée par une charge intelligente. Cela signifie qu'au lieu d'envoyer une grosse charge vers la batterie à un moment donné, un algorithme intelligent contrôle la charge en fonction de son état. Notre système électrique est totalement indépendant de celui du véhicule.

N'oubliez pas de vous assurer de réaliser un bon câblage et de faire les connexions adéquates lorsque vous faites de l'électricité. En vous renseignant sur les principes de base avant de dessiner vos plans de câblage, vous vous épargnerez bien des soucis. La sécurité est vitale, cela vaut donc la peine de faire vérifier tous vos travaux par un électricien agrée.

Nous faisons fonctionner deux panneaux solaires de 100W à travers un contrôleur solaire pour l'alimentation d'une batterie de 115 ampères. À partir de cette batterie, des circuits à fusibles alimentent chacune de nos lampes et chacun des appareils électriques. Les luminaires sont tous des LED à lumière chaude de faible consommation. Le réfrigérateur que nous avons choisi est un appareil à compression de 12V, qui consomme environ 3,5 ampères à pleine puissance. Nous nous contentons de le faire fonctionner à son réglage le plus bas.
Pour la charge des appareils de 240 volts, nous avons un onduleur à onde sinusoïdale pure. C'est le moyen le plus efficace de convertir un courant continu de 12 volts en un courant alternatif de 240 volts. Cela permet également de protéger les appareils sensibles, tels que les smartphones et les ordinateurs portables, quand ils sont en charge.

L'alimentation en eau

Notre système d'alimentation en eau est très simple. Le réservoir d'eau potable se trouve sous la caravane. Il contient 70 litres et peut être rempli par une ouverture verrouillable montée sur le côté de la caravane. Un tuyau flexible de 12 mm achemine cette eau vers une pompe à pression contrôlée. Nous avons également installé une vanne de régulation pour assurer un écoulement régulier de l'eau une fois le robinet ouvert. La pompe détecte le changement de pression et se met automatiquement en marche. L'inverse se produit lorsque le robinet est fermé. Notre sortie de vidange alimente un plus petit réservoir d'eaux grises, qui est logé dans l'un des coffres latéraux montés sous le châssis.

Le chauffage

Nous connaissons bien les chauffages au diesel, qui sont fantastiques, mais j'ai toujours envié les fourgons équipés de poêles à bois. En effectuant des recherches au sujet des poêles à bois compacts, nous sommes tombés sur Anevay Stoves, une entreprise qui fabrique des poêles à la main ici même, dans les Cornouailles. Nous avons choisi d'installer leur plus petit modèle - le Shepherd - dans un coin de l'espace de vie, en laissant suffisamment de place autour pour un fonctionnement en toute sécurité. Le conduit de fumée passe par le toit de la caravane et est protégé par un solin en acier. N'oubliez pas de toujours installer un détecteur de fumée et de monoxyde de carbone, et de faire vérifier tous vos équipements par un technicien agrée.

L'équipement du véhicule

Le meilleur aspect de ce projet de conversion est la polyvalence du véhicule fini. Nous avons conservé les côtés rabattables en aluminium du plateau, ce qui nous permet de ranger des planches de surf et de disposer d'un réchaud extérieur lorsque le véhicule est en stationnement. Nous avons modifié la section arrière du plateau avec des supports de renforcement pour en faire un espace de rangement pour les vélos. Sous le châssis, nous avons ajouté un casier de rangement de chaque côté. En plus des outils et des bouteilles de gaz, il y a également de la place pour toute sorte de matériel, comme les combinaisons de plongée et les coupe-vent.

La conversion

La conversion a été réalisée dans notre petit atelier de Newlyn, dans les Cornouailles. Il s'agit d'un espace modeste qui peut accueillir deux fourgons en poussant les meubles. L'atelier est doté

d'une porte à volet roulant de trois mètres de haut, ce qui nous a permis de réaliser l'ensemble de la conversion à l'intérieur, ce qui a rendu le travail beaucoup plus facile. Après avoir passé de nombreuses années à bricoler sur des fourgons sous la pluie et dans des allées boueuses, c'est une chance inouïe d'avoir cet atelier, surtout lorsque la houle hivernale commence à frapper Newlyn.
Nous avons dû faire face à un certain nombre d'imprévus, notamment les dommages causés par l'humidité, ce qui a longuement prolongé la reconstruction de la caravane. C'est souvent le cas lorsqu'on travaille sur des véhicules anciens. Tant que vous n'avez pas complètement démonté le véhicule, il est très difficile de calculer le temps qu'il faudra au final. L'essentiel est de persévérer malgré tout, surtout dans les moments de désespoir. Faites une petite pause, prenez une tasse de thé et élaborez un plan d'action pour relever ce nouveau défi – ça en vaudra la peine à la fin.
Une fois terminé, le van sera soumis à un certain nombre de tests avant d'être mis en vente. Soit ça, soit nous en tomberons amoureux et trouverons un moyen de le garder. Je pense que je préfère la deuxième solution.

À gauche : Reconstruction de la structure en bois

En haut à droite : Le porte-vélos

En bas à droite : Le bloc cuisine et le poêle à bois

Le van terminé

Chapitre trois

LES GENS

À la rencontre des vanlifers

par Calum Creasey

Les archétypes de la vanlife

Lorsque votre maison se déplace sur des roues, vos voisins changent tout le temps. Rencontrer d'autres vanlifers est l'un des aspects les plus gratifiants de la vanlife. Ils peuvent être comme vous, ou bien très différents. Voyons voir si vous en reconnaissez un…

L'ACCROC À L'ADRÉNALINE

Le kitesurf, le VTT, l'escalade. Tout ce que vous voulez, elle le fait. Son van est constitué à 90 % d'espaces de rangement et à 10 % d'espace de vie. Elle est sérieusement affutée par les randos qu'elle fait sur tous les sentiers qu'elle croise. Pendant que le reste d'entre nous cherche la voie lente, elle escalade en solo des parois rocheuses abruptes dans les parcs nationaux américains. Véhicule de prédilection : *Mitsubishi L300 4x4*.

LE NOMADE DIGITAL

Il dirige une start-up et, par conséquent, son van est plus un bureau qui roule qu'une maison roulante. La toute dernière technologie en matériel satellite lui permet de rester connecté partout sur la planète, mais, à défaut, il est capable de trouver une connexion Wi-Fi gratuite dans un McDonald's à 150 km de là. Oscillant entre Los Angeles et la côte de l'Oregon, il mène une vie de reclus. Véhicule de prédilection : *Volkswagen Syncro T25 lourdement modifié.*

LES HIPSTERS

Jamais un couple n'a été aussi amoureux. Ils passent leurs hivers au Portugal vêtus du strict minimum. Mais qui pourrait leur en vouloir ? Ils prennent des photos, mettent à jour leurs comptes sur les réseaux sociaux et sirotent des bières fraîches. La vie est un bonheur. Lui est photographe en herbe et son trépied est vital pour prendre la photo parfaite au « saut du lit ». Le van est rempli de planches de surf et possède même un jardin d'herbes aromatiques sur le tableau de bord. Véhicule de prédilection : *Mercedes Sprinter à empattement long*.

LA GUERRIÈRE ÉCOLO

L'intérieur de sa camionnette est composé à 100 % de matériaux recyclés et est une merveille à voir. Elle passe son temps à faire du bénévolat dans des fermes biologiques et à promouvoir son type de « féminisme en van ». Arbres plantés à ce jour : 1 000 000... Véhicule de prédilection : *une vieille Ford Transit déglinguée.*

LES HIPPIES NEW AGE

Leur ancien box à chevaux sent le chanvre et l'encens. Partagé avec cinq chiens recueillis, chacun avec sa propre histoire, il est faiblement éclairé, mais chaleureux et accueillant. Bien qu'il commence à faire partie de l'environnement et que ces jours sont comptés depuis longtemps, ce diesel à l'huile végétale continuera à rouler éternellement. Fonctionne-t-il par magie ? Qui sait... Véhicule de prédilection : *box à chevaux aménagé*.

LES VIEUX DE LA VIEILLE

Ces gens sont intelligents. Ils ont pris une retraite anticipée et ont dépensé l'héritage des enfants à voyager en Europe en s'amusant comme des fous. Leur véhicule de prédilection est un grand camping-car en plastique blanc équipé de toutes les commodités. Chaque repas nécessite une table complète avec une nappe à carreaux. Ils sourient et vous saluent quand vous les croisez dans le camping, mais ne vous approchez pas trop près, car « Ralph », leur Jack Russell miniature, garde le van avec plaisir. Véhicule de prédilection : *le camping-car.*

Euromap

Slow 'n Steady Livin

par Calum Creasey

L'approche d'un couple de sa relation, de son travail et de sa créativité

Matt et Steph, parlez-nous un peu de vous. Qui êtes-vous et comment vous êtes-vous rencontrés ?

Nous sommes deux âmes créatives qui partagent une passion pour l'aventure. La meilleure description pour Steph est celle d'artisane cosmique, et ses passions sont le dessin et la photographie. Matt est un vieux loup de mer salé qui passe la plupart de son temps dans l'océan à prendre des vagues ou à apprendre aux gens comment les prendre. Il est aussi photographe professionnel. Ensemble, nous aimons vivre une vie tranquille, découvrir la nature et vivre des aventures avec notre maison roulante.

Lorsque nous nous sommes connus au début, alors que nous travaillions dans un magasin de surf, nous parlions pendant des heures de la route et comment ce serait incroyable de partir en road trip pour découvrir de nouveaux endroits et de nouvelles cultures, dormir dans la nature et, bien sûr, surfer sur toutes les vagues qui passent. Nous avons monté notre projet, économisé de l'argent, acheté un van et le reste appartient à l'histoire ! Nous voulions être plus autonomes, repousser nos limites et ne pas être contraints de vivre dans un seul lieu. Nous partagions tous deux un intérêt pour le « mode de vie alternatif » depuis notre plus jeune âge et cela nous a rapprochés. Des milliers de kilomètres plus tard, nous avons créé la vie que nous avions imaginée.

Pourquoi avez-vous opté pour un van ? Comment votre grand Iveco bleu est-il devenu votre maison ?

Le premier van que nous avons acheté était en Australie. Nous devions cuisiner dehors, qu'il pleuve ou qu'il vente. On ne pouvait pas se tenir debout à l'intérieur et nous avons partagé un lit simple pendant une année entière à longer la côte. Cette toute petite maison créée de nos propres

mains a été le point de départ de notre histoire d'amour pour la vanlife et la vie sur la route. Un cours accéléré sur le mode de vie alternatif et le genre de liberté qui était si beau !

Lorsque nous sommes rentrés au Royaume-Uni, notre première préoccupation a été d'acheter un nouveau van pour l'aventure. C'est alors que nous sommes tombés sur Ivy, notre van actuel. Ivy est un Iveco Daily de l'année 1996 de couleur bleu coquille d'œuf. Le plus gros argument de vente pour nous - à part son moteur qui déchire – c'était l'espace ! C'est un gros engin idéal pour un couple qui vit sur roues à plein temps. En plus d'avoir un lit fixe, nous avons aussi un espace de rangement qui est parfait pour tout notre matériel d'activités en plein air et nos planches de surf. L'intérieur d'origine était déjà en grande partie « aménagé » lorsque nous l'avons pris en main, mais nous avons fait quelques modifications et l'avons personnalisé pour répondre à nos besoins. Nous l'avons beaucoup bricolé pour qu'il nous ressemble.

Le plus grand changement a été le lit fixe à l'arrière - ce qui était incontournable pour nous - ainsi qu'un plan de travail sur lequel nous pouvons exercer notre créativité, de sorte que nous pouvons utiliser Ivy comme un wagon d'aventure/studio de création mobile. Steph avait une vision de l'aspect esthétique qu'elle voulait donner au véhicule, et nous avons essayé de donner vie à ses idées. On pourrait dire qu'Ivy est une cabane de surf bohème et confortable, tout-en-un ! Machine de liberté, vaisseau d'aventure, engin tout rouillé - peu importe comment vous l'appelez. Quand votre maison a six roues et des planches de surf sur le toit, vous pouvez changer d'adresse en un tour de clé.

Parlez-nous de vos motivations. Vivre dans un espace restreint, en tant que couple récemment marié, ne doit pas toujours être facile. Pouvez-vous expliquer comment vous vous soutenez mutuellement tout en gardant un peu de distance ?

On peut dire que vivre à temps plein dans un tout petit espace peut créer ou briser une relation. On apprend à se connaître extrêmement vite ; on ne peut pas se cacher ou ne pas être soi-même ! Nous adorons vivre dans cet espace que nous avons créé et construit ensemble. C'est notre sanctuaire et un endroit pour cultiver nos passions créatives personnelles et communes. Pour nous, c'est l'équilibre idéal entre découvrir des choses ensemble et se donner de l'espace, ce qui nous permet de poursuivre chacun nos intérêts. Nous nous retrouvons toujours le soir pour cuisiner et manger ensemble, ce qui est également une passion commune.

Nous avons une relation très intime grâce à la vanlife et ça nous a rapprochés. Les désaccords sont réglés immédiatement et nous finissons généralement par en rire une heure plus tard ! Par conséquent, nous sommes devenus d'excellents communicateurs et nous savons ce que l'autre ressent, parfois même sans parler.

Nous devons régulièrement travailler en équipe, surtout lorsque nous sommes sur la route, car vivre dans un van présente régulièrement des défis - notamment lorsque votre van a 22 ans! Nous nous sommes retrouvés dans des situations difficiles et même effrayantes par le passé, dont nous nous sommes sortis, mais où nous avons dû nous soutenir mutuellement. Même avec tous les hauts et les bas, nous ne voudrions pas qu'il en soit autrement! Dans l'ensemble, nous sommes tellement heureux de vivre une vie simple à deux.

Parlez-nous de vos voyages jusqu'à maintenant. Une grande partie de votre style de vie est influencée par votre amour partagé du surf. Comment cela influence-t-il votre façon de voyager et les endroits que vous visitez ?

Bien sûr, il ne faut pas oublier que la vie sur roues nous permet de nous déplacer au gré des saisons et de suivre les vagues le long des différentes côtes. Une grande partie de notre voyage consiste à suivre les meilleures vagues autour du continent européen pendant les mois d'hiver, ainsi qu'à faire des excursions en montagne et dans les terres. On se sent vivant quand on voyage en terre inconnue, et ceci semble être la seule chose qui puisse satisfaire notre soif constante d'aventure, une certaine « bougeotte » qui est la nôtre!

60

La majorité de nos voyages tourne d'une manière ou d'une autre autour du surf. Nous ne nous éloignons jamais trop de la côte et gardons toujours un œil sur les prévisions météo. Pour nous, être près de l'océan c'est ressentir une connexion spirituelle entre Mère Nature et nous-mêmes. Il enrichit notre esprit, notre corps et notre âme, ce qui est essentiel dans notre vie et à notre bonheur. L'océan nous donne toujours le sentiment d'avoir les pieds sur terre et nous procure tellement de bonheur, tant sur le plan personnel qu'à deux, tout en étant une source d'inspiration sur le plan créatif.

Nous aimons revisiter nos endroits préférés et nos petits repaires, passer voir des amis en chemin, tout en explorant de nouvelles côtes à la recherche de plages tranquilles et de bonnes vagues. Cela nous a menés loin au fil des ans. L'hiver dernier, nous avons décidé d'aller surfer dans le Sahara occidental, en compagnie de quelques compagnons de voyage, ce qui a été une expérience inoubliable.

Comment conciliez-vous votre travail et vos voyages ? Vous passez vos étés à travailler dans une école de surf au Royaume-Uni et vos hivers sur la route. Pouvez-vous expliquer vos rôles, la charge de travail, la flexibilité que cela vous procure ? Et depuis combien de temps le faites-vous ?

Nous partageons l'année en deux tous les ans, et c'est ainsi depuis cinq ans. Pendant environ six mois, nous passons l'hiver sur la route dans notre van en mode exploration. Nous passons l'été, généralement de mai à novembre, au Royaume-Uni (nous vivons toujours dans notre van, mais sur le terrain d'un ami), pour travailler pendant la saison estivale. Nous travaillons ensemble dans une école de surf dans les Cornouailles, au Royaume-Uni. Matt est le moniteur de surf, et Steph gère les réservations et organise les leçons quotidiennes.

Nous aimons beaucoup travailler ensemble. Grâce à la vie sur la route nous nous adaptons très facilement et travaillons aisément en équipe. Nous tenons également notre blog Slow 'n Steady Livin pendant l'hiver et l'été. Nous y avons nos deux boutiques pour nos créations, et c'est l'endroit où nous pouvons partager nos photos et nos aventures sur la route.

Nous travaillons généralement sept jours sur sept afin de pouvoir économiser le plus d'argent possible pour les mois d'hiver. C'est beaucoup de travail et nous sommes généralement épuisés en novembre. La perspective de reprendre la route nous donne toujours la motivation de travailler et d'économiser autant que possible. Lorsque les feuilles commencent à changer de couleur au Royaume-Uni, nous savons qu'il est temps de faire nos valises et de partir vers le sud pour se réchauffer !

Diriez-vous que ce fractionnement de l'année fonctionne bien pour tous les deux ? Est-ce difficile de passer de la vie sur la route à une vie sédentaire et vice versa ?

Il faut un certain temps pour s'habituer à être constamment en mouvement et le fait d'être sédentaire, et l'envie de repartir est toujours là pendant les premières semaines. Cependant, nous aimons visiter nos lieux préférés, retrouver nos amis et notre famille, et recharger nos batteries créatives. Il est toujours bon de ralentir et de s'éloigner de l'incertitude de la route, tout en sachant que nous partirons à nouveau en voyage et à l'aventure pendant l'hiver.

En plus de l'entretien nécessaire avant le contrôle technique annuel et, en général, un coup de peinture ! Pour nous, la vanlife c'est trouver ses racines dans plusieurs endroits et profiter de chaque instant, quel que soit le lieu.

Le fractionnement de l'année en deux nous est très bénéfique sur le plan créatif, car nous avons un hiver où nous voyageons constamment, où nous trouvons plein d'inspiration et où nous travaillons ensemble sur des projets créatifs, puis un été où nous pouvons développer notre travail et y réfléchir pour en faire quelque chose.

Comme vous êtes sur la route pendant de longues périodes de temps, comment faites-vous pour faire durer votre budget ? S'agit-il d'une budgétisation rigide et réfléchie, ou d'une approche frugale des dépenses ?

En termes de budget, nous sommes devenus des adeptes de la vie bon marché (mais aussi de la vie saine, ce qui est très important pour nous). Lorsque nous sommes sur la route, nos seules dépenses sont la nourriture et le carburant, ainsi que l'entretien général du fourgon. Nous avons généralement un budget hebdomadaire que nous respectons pour la nourriture. Nous aimons vivre de manière écologique et adopter un régime alimentaire principalement à base de plantes, ce qui nous aide à réduire les coûts, tout en étant économes en eau.

Tout dépend de ce dont vous pensez avoir besoin dans la vie et de ce à quoi vous choisissez de consacrer votre argent. Par exemple, nous aimons être créatifs, explorer la nature et surfer, et nous trouvons que vivre dans un van nous permet de faire tout ça et nous donne la liberté à laquelle nous aspirons. Dans l'ensemble, nous avons appris que pour faire ce qui nous rend vraiment heureux, il faut faire certains compromis : vivre avec moins, mais vivre plus.

Le monde numérique

par Bee Roper

Theo et Bee sur l'aspect numérique de la vanlife

Si vous avez déjà tapé « vanlife » dans YouTube, il y a de fortes chances que l'une des vidéos que vous ayez regardées ait été réalisée par Theo et Bee. Ils sont entièrement dévoués à leur métier. Ils ont accumulé un grand nombre de vues et d'abonnés. Il n'est pas faux de dire qu'ils font partie des « vlogueurs » de la vanlife les plus connus au monde. Lorsque nos chemins se sont enfin croisés cette année, j'ai été enchanté de constater que c'est un couple tout ce qu'il y a de plus normal, très terre-à-terre. Internet a une drôle de façon de brouiller les choses ; le mouvement vanlife n'est pas différent.

Pourquoi le mouvement vanlife et le numérique vont-ils si bien ensemble ?

Le monde numérique est accessible depuis n'importe où avec une connexion Internet, ce qui va de pair avec la vanlife, car généralement on ne reste pas au même endroit pendant très longtemps. Le mouvement vanlife est aujourd'hui une scène florissante, mais il suscite toujours l'intérêt des gens, notamment parce qu'il semble être un moyen idéal d'échapper à la norme et de tenter un style de vie différent. Avant l'apparition des réseaux sociaux, ce type de mode de vie était reconnu, mais pas généralisé. Le numérique a permis à tout le monde de trouver l'inspiration pour faire des choses qu'ils n'auraient jamais pu faire si facilement il y a peu. Nous nous sommes fait beaucoup d'amis dans la communauté vanlife grâce au numérique - ce qui est incroyable, d'autant plus qu'il était autrefois tabou de rencontrer des gens en ligne ; aujourd'hui, certaines de nos amitiés les plus fortes sont nées grâce à Internet !

Comment votre propre histoire, notamment à travers la réalisation de films, vous a-t-elle permis de vivre le style de vie que vous avez choisi ?

L'une des premières choses que nous avons faites, lorsque nous sommes partis en Europe dans notre VW T4 pour la première fois en 2014, a été de documenter notre voyage à travers les photos de Theo et mes mots. Nous avons publié nos expériences quotidiennes en ligne, par le biais de nos comptes Tumblr et Instagram, afin d'inclure notre famille et nos amis dans nos aventures, mais aussi pour échanger avec d'autres personnes qui faisaient la même chose. Au fil des mois, nous sommes passés à la vidéo, car il nous semblait que cela renforcerait notre histoire de montrer ce que nous observions avec des images en mouvement. Utiliser la vidéo comme moyen de documenter notre vie quotidienne a complètement changé notre dynamique, car cela nous a permis d'entrer plus largement en contact avec des personnes du monde entier. On nous a souvent dit, lorsqu'on rencontre quelqu'un qui a vu nos vidéos, qu'ils ont l'impression de déjà nous connaître et que nous sommes comme de vieux amis. Notre vie est devenue notre travail et vice versa, ce qui nous pousse à être continuellement en mouvement et à chercher à faire de nouvelles choses. En 2017, nous avons passé plusieurs mois à parcourir le pays pour rencontrer d'autres vanlifers qui avaient transformé leur van en maison, en créant de courts épisodes sur eux et leur histoire pour notre chaîne YouTube. Grâce à la vidéo et au numérique, nous avons créé des liens et partagé des histoires avec un nombre incalculable de personnes, ce qui est notre objectif principal.

Y a-t-il des aspects négatifs dans la relation entre Internet et la recherche d'un mode de vie plus simple ?

Parfois, il semble presque contradictoire de partager nos vies en ligne, car cela peut vous exposer à toute sorte de négativité et de critiques. Cependant, le positif l'emporte largement sur le négatif, surtout lorsque les gens nous contactent pour nous faire part de leurs propres histoires. La vie peut sembler beaucoup plus simple lorsque vous êtes déconnecté d'Internet, et il y a eu des moments - comme lors d'une randonnée sur le Kungsleden pendant 30 jours - où nous n'avons pas eu d'accès Internet pendant toute la durée de l'excursion. La vie semble sans doute beaucoup plus simple lorsque vous n'avez pas d'e-mails à gérer, d'images à télécharger ou de commentaires auxquels il faut répondre, mais c'est ce que nous aimons faire au quotidien, donc nous pensons que la vie simple et Internet peuvent aller de pair. Il ne tient qu'à vous de décider jusqu'à quel point cela contrôle votre vie.

Comment gérez-vous la difficulté d'associer votre passion pour les voyages et votre carrière ? Votre approche a-t-elle changé au cours des années depuis que vous voyagez en van ?

Nous n'avions ni l'un ni l'autre une carrière sur Internet avant de commencer à voyager, et au début, cela nous semblait complètement étranger. Nous n'avons jamais eu l'intention de fusionner voyage et carrière. Cependant, nous avons eu la chance de le faire au cours de ces dernières années. Notre passion pour les voyages nous permet de continuer à documenter nos expériences en ligne, ce qui nous donne l'occasion unique de travailler, vivre et voyager en même temps.

Bee en train de rédiger
le blog du projet Indie

Jouer de la musique dans les rues en Europe

par Sietske Riphagen

Une brève histoire d'amis qui font de la musique sur la route

À l'hiver 2017, lors d'un voyage dans le sud de l'Espagne, nous, Herman, Sietske et notre chien Ferry, avons rencontré Arnan et Anne qui étaient également sur la route, traversant l'Europe dans leur Volkswagen LT. Voilà un couple avec la même vision de la vie et la même soif de voyager que nous. En plus, ils conduisaient le même type de van que nous. Nous avions tous abandonné notre vie aisée pour une vie pleine d'aventures, à développer nos talents et en vivant au jour le jour. Nous avons tous vécu cette rencontre comme un événement prédestiné, car nous croyons que Dieu a fait que nos chemins se croisent. Nous nous sommes tout de suite rendu compte que cela pouvait devenir une aventure à plus long terme, et nous voilà un an plus tard! Nous voyageons ensemble et jouons de la musique dans la rue pour gagner de l'argent. Aucun d'entre nous n'avait envisagé que nos vies prendraient cette direction. Pour nous, c'est vraiment tout le charme de ne pas avoir de projets. Nos vies sont devenues totalement liées.

Il y a un an, nous n'aurions jamais envisagé - bien que nous en avions rêvé - que nous gagnerions notre vie en jouant dans la rue. Anne et Arnan avaient déjà fait de la musique de rue au cours de leurs voyages. La première fois que nous avons joué ensemble dans la rue fut une expérience vraiment bouleversante, mais aussi un peu effrayante, car nous n'étions pas vraiment préparés. Après cette première expérience, nous avons fini par faire de la musique de rue tous les week-ends. Nous avons vite réalisé que faire de la musique dans la rue allait bien au-delà du fait de jouer des chansons agréables et joyeuses. Grâce à la musique, vous atteignez le cœur des gens, ce que vous ne pouvez parfois pas faire uniquement avec des mots.

Souvent, les gens viennent nous voir après nos spectacles pour raconter comment nous avons embelli leur journée, ou ils nous parlent d'une situation difficile qu'ils traversent et nous disent que nous leur avons donné du courage au travers de notre musique. Et puis, pour nous, jouer dans la rue ne se limite pas à gagner de l'argent. Avec le temps, nous avons appris à gérer nos priorités. La vie, c'est bien plus que de gagner de l'argent. La vie, c'est le partage, c'est prendre soin les uns des autres et, surtout, s'aimer les uns les autres. C'est incroyable de se dire qu'en jouant dans la rue, tout cela devient réalité et que nous sommes bénis en retour, et même récompensés financièrement.

Nous avons des rêves, beaucoup de rêves. Nous en parlons beaucoup, mais ce n'est que le commencement d'un nouveau processus créatif. Par là, nous voulons dire qu'il faut faire le choix d'y aller et de faire le premier pas vers ce que vous rêvez de faire. L'avantage de voyager ensemble, c'est que nous nous encourageons mutuellement dans ce processus créatif. Au cours des derniers mois, nous avons appris à fusionner nos talents. Ensemble, nous pouvons faire tellement plus. En ce moment, nous travaillons sur notre propre comédie musicale. Nous adorons travailler en équipe, en cherchant des moyens de faire ressortir le meilleur de chacun d'entre nous. Nous sommes tellement curieux de savoir ce que Dieu a en réserve pour nous et de connaître tous les chemins que nous allons parcourir ensemble.

CHARTER
EMERGENCY EXIT
BRISTOL

Les ours ambulants

par Amy Barker

La vie de famille dans un vieux bus

Nous avions tous deux goûté à la vie sur la route étant plus jeunes. Ma famille a déménagé en Californie quand j'étais enfant, et pendant que nous cherchions une maison, nous avons vécu dans une tente pendant trois mois. C'est une expérience qui m'a toujours marquée. James a également fait l'expérience de la vie en plein air. Il est parti de chez lui à 18 ans et a trouvé un emploi à Robin Hood's Bay. Inspiré par un ami de la famille qui vivait dans un bus, James a vécu dans son combi VW au sommet d'une falaise avoisinante. Il parle souvent de cette époque avec tendresse, combien il était en forme et en bonne santé à escalader chaque jour les falaises abruptes et du calme que lui procurait les couchers de soleil et la mer changeante au long de l'année.

Le principal facteur qui nous a poussés à vivre à plein temps dans un bus était que nous aspirions à un rythme de vie moins effréné. D'une certaine manière, c'était moins le fait de voyager (bien que nous adorions cela aussi), mais plutôt le fait d'avoir une vie plus simple. Vivre selon nos propres conditions, de manière plus frugale, avec intention et en accordant une plus grande valeur à notre temps. C'est rapidement devenu notre priorité après ce qui avait été, pour nous, la période la plus stressante de notre vie.

En 2012, nous avons appris que notre fille Holly souffrait d'une dysplasie bilatérale de la hanche (ses hanches étaient complètement disloquées et en dehors de leur alvéole). À l'époque, elle avait cinq ans et nous étions anéantis. Elle a dû subir deux longues opérations et porter un énorme corset pendant 15 semaines. Il s'en est suivi un long et difficile processus de réhabilitation, qui a nécessité environ deux ans de physiothérapie intense pour réapprendre à marcher. Nous étions une famille relativement détendue avant cette époque, mais cela nous a vraiment secoués au plus profond de nous-mêmes. Cela voulait également dire passer la plupart de notre temps à l'intérieur, car le fauteuil roulant de Holly était difficile à manœuvrer quand elle portait un plâtre volumineux.

Nous sommes devenus comme des reclus d'une certaine manière. Très vite, un déséquilibre a commencé à se faire ressentir. Nous nous sommes sentis déconnectés du monde naturel.

Une fois qu'Holly a pu se déplacer à nouveau, elle a recommencé ses activités périscolaires. Je me précipitais à droite et à gauche, je la voyais à peine et je me disais : « Qu'est-ce qu'est que cette folie ? ». Ce n'était pas la vie que nous voulions du tout. C'était trop tôt. Nous voulions récupérer le temps perdu. Nous voulions redécouvrir le monde naturel avec elle et prendre du bon temps à nouveau en famille. James et moi avions tous deux des emplois stressants à l'époque et il était temps de faire un break. Nous avons décidé de nous lancer et nous avons acheté notre bus Monty.

Nous voulions construire quelque chose de confortable qui pourrait permettre à notre famille d'y vivre longtemps. Quelque chose qui nous permettrait de ne pas seulement survivre, mais de prospérer en dehors de la société. L'idée d'acheter et de convertir notre bus n'aurait pas pu arriver à un moment plus insensé dans notre vie. James travaillait souvent loin de la maison et s'absentait régulièrement plusieurs jours de suite. Notre fils Forrest n'avait pas plus de 14 semaines et nous étions en plein milieu de l'hiver. Le premier obstacle majeur fut de trouver un endroit sûr pour stationner le bus pendant la phase d'aménagement. Par chance, nous avons trouvé un parking pour caravanes où nous avons pu le garer et travailler dessus.

Cependant, l'inconvénient majeur fut qu'il n'y avait pas d'électricité sur le site. Nous avons donc projeté de commencer par installer une énorme plate-forme de panneaux solaires pour tenter d'utiliser l'énergie générée par celle-ci pour le reste de l'aménagement. On a vite réalisé, même en plein milieu de l'hiver, que nous produisions tellement d'énergie que ce ne serait pas un problème. En utilisant principalement des outils sans fil de 18V rechargés sur la plate-forme solaire via un onduleur, le travail fut assez facile. James a rapidement réalisé qu'il avait fait tout l'aménagement grâce à l'énergie solaire, il a donc décidé de continuer ainsi jusqu'à la fin du projet. Le bus a été entièrement aménagé avec la puissance du soleil!

Au total, cela a pris environ 18 mois. Nous avons dû puiser dans toutes nos ressources, car pendant que James était à la tâche sur le bus ou qu'il travaillait, je m'occupais des enfants. Je pense que nous n'avons jamais été aussi épuisés. Je suis si fière que nous n'ayons pas abandonné et que nous ayons mené le projet à bien, car on a été bien récompensés!

James et moi sommes tous deux en meilleure forme et plus sereins. Je pense que cela est dû en grande partie au temps que nous passons dans la nature, à vivre pleinement l'évolution du monde. Notre premier orage était si émouvant. Nous nous sommes tous entassés sur le lit et avons écouté la pluie battante et le grondement du tonnerre, en guettant les éclairs sur l'horizon. Nous prenons le temps d'apprécier les petites choses de la vie comme faire la cuisine, se promener à pied ou à vélo. Mais ce changement de mode de vie ne se fait pas du jour au lendemain. Nous sommes toujours en quête de ce que signifie la simplicité pour chacun d'entre nous.

Le chemin est long et il ne faut pas se précipiter. Le sentiment de liberté est merveilleux. Ni l'un ni l'autre n'aime avoir des attaches. La vie en bus offre le confort d'une maison avec une vue depuis notre salon qui change tous les jours.

À cause de la taille de Monty, c'est parfois difficile de trouver des endroits où se garer. Chaque voyage doit être planifié minutieusement à l'avance. Mais cela peut avoir ses avantages, car nous devons nous forcer à trouver des lieux où rester un peu plus longtemps. Cela convient bien à la vie de famille, car nous pouvons réellement découvrir une région plutôt que de passer rapidement d'un endroit à un autre.

Nous avons eu du mal à gérer l'éducation de nos enfants nous-mêmes au départ. C'est souvent ce que les autres parents me demandent lorsque je leur parle de notre mode de vie. Il nous a fallu un certain temps pour nous y habituer, mais je me suis vite rendu compte qu'Holly apprenait beaucoup de choses en étant à l'extérieur et avait énormément d'opportunités tous les jours. La nature était son école, et n'est-ce pas ainsi que cela devrait être dans la vie ? Nous favorisons l'apprentissage en fonction de ses centres d'intérêt - certains appellent cela de la « déscolarisation ». Je pense que c'est comme ça que nous apprenons tous naturellement, avec une « source » initiale d'inspiration

AMY'S BAKING YEAR
MOG
the Forgetful Cat

PLAXTON

Hogwarts

qui conduit à un intérêt et à une envie de «développer» ses connaissances dans ce domaine. En offrant des possibilités et en suggérant des moyens de faire pousser cette «graine», nous avons pu aborder des sujets de manière beaucoup plus détaillée et approfondie qu'elle ne l'aurait fait dans un environnement scolaire traditionnel. C'est amusant et cela nous amène à faire des choses que nous n'aurions peut-être pas faites en temps normal, nous découvrons le monde ensemble. En fait, les enfants se sont adaptés à la vie en bus très rapidement. Nous craignions que la transition ne soit difficile, avec moins d'intimité pour Holly (qui a aujourd'hui 10 ans) et moins d'espace de jeu pour Forrest (qui a maintenant deux ans). Cela n'a pas été problématique du tout, et ils ont vraiment adopté ce style de vie avec enthousiasme. C'est nous, les adultes, qui avons mis plus de temps à nous adapter ! Le temps passé à l'extérieur a considérablement calmé Forrest. Il a tellement d'énergie que l'on peut vraiment canaliser grâce aux jeux d'extérieur. La confiance d'Holly s'est considérablement accrue. Dans une ferme où nous avons séjourné récemment, la femme du fermier s'est vraiment attachée à elle et lui a fait vivre de nombreuses expériences avec les animaux, notamment à s'occuper des chevaux, des moutons, des alpagas, des poules et des poussins. Elle a même pu nourrir un agneau à la main, en lui donnant un biberon tous les jours, car sa mère n'avait pas de lait. Elle a adoré !

La liberté de vivre comme nous l'entendons, selon nos propres horaires et nos propres conditions, est la raison pour laquelle nous aimons tellement cette vie. Ce n'est pas un long fleuve tranquille, mais c'est tout de même merveilleux. Les opportunités d'apprendre et de grandir ensemble sont nombreuses. C'est comme une véritable aventure. Il est également extraordinaire de voir les enfants s'épanouir sans horaires «fixes» dans leur vie, et j'espère que cela continuera ainsi en même temps qu'ils grandiront. C'est aussi très agréable de voir les enfants créer des liens entre eux. Il y a une grande différence d'âge entre Holly et Forrest, huit ans, mais ils jouent ensemble à merveille. Bien qu'il y ait des moments difficiles pour chacun d'entre eux, je pense que la vie en bus les a rapprochés. Parce que les enfants passent tellement de temps dehors, ils ramènent beaucoup de saleté à bord, mais il ne faut surtout pas être trop pointilleux à ce sujet. Cela fait partie du jeu et comme il ne s'agit que d'un tout petit espace, c'est assez vite rangé. Ce qui a vraiment dégagé beaucoup de temps, c'est de ne plus avoir autant de biens à gérer. Nous avions beaucoup trop d'affaires avant et c'était vraiment devenu un poids dans nos vies.

Je suis heureuse que nous ayons suivi notre intuition et donné vie à nos rêves. Ce mode de vie est plus serein, plus authentique, et nous a permis de nous épanouir pleinement.

Good Vibes Only

par Brook James

Le photographe Brook James en voyage avec ses amis

Nous avons beaucoup parlé des véhicules, mais en réalité ce sont les gens qui font que cet étrange engouement pour la vanlife est si fort. Même si certains vanlifers recherchent les routes solitaires pour se retrouver seuls avec soi-même, la grande majorité d'entre nous a envie de partager de bons moments avec les êtres qui nous sont les plus chers. Il ne s'agit pas seulement de partager la conduite, la facture de carburant ou même les problèmes lorsque tout part en vrille. C'est aussi savoir que l'on emporte tous avec soi un petit bout du voyage, et que l'on rira de ce qui s'est passé dans les semaines, les mois et les années à venir.

Brook James, un photographe de Melbourne, en Australie, chérit ses voyages avec son groupe de potes.

Vous dévalez une piste en forêt avec vos amis devant vous : qu'est-ce qui vous passe par la tête à ce moment-là ?

En général, je me dis : « J'espère que personne ne va tomber en panne ! » Ou si nous sommes sur un terrain boueux et glissant, qu'ils ne commencent pas à glisser en arrière. Ça peut parfois être assez intense sur le terrain. Mais la plupart du temps, ce n'est que du pur bonheur en toute sécurité. On prend notre temps.

Après de longues et fatigantes journées sur la route viennent les soirées tranquilles. À quoi ressemble un camp avec tes potes le soir ?

Après avoir roulé plusieurs heures dans le bush australien, où l'on trouve les meilleures pistes et les meilleurs endroits pour camper, nous garons les véhicules, nous mangeons un bout et nous partons dévaler les pistes l'après-midi, et si tout se passe comme prévu, nous sommes de retour pour le dîner vers six ou sept heures. Un feu ardent a généralement été allumé par quelqu'un

qui est resté au camp, alors nous arrivons et commençons à préparer un ragoût dans la marmite en fonte que nous laissons reposer sur le feu pendant une heure et demie, parfois plus. On se serre tous autour du feu pour manger le repas. La plupart d'entre nous se contentent du ragoût, mais d'autres font des hamburgers ou des sandwiches. Le crépitement du feu côtoie le bruit apaisant d'une rivière ou d'un ruisseau qui coule à côté du campement. C'est très reposant ! Nous terminons la journée ou la nuit avec des chamallows grillés et quelques bières, avant de se coucher et de recommencer le lendemain !

Dans chaque groupe, il y a toujours quelques caractères bien trempés. Avec qui aimez-vous le plus voyager ?

Ha, c'est difficile à dire. Je ne dirais pas qu'il y a une seule personne avec qui je préfère voyager. Je veux dire, évidemment ma copine et complice depuis huit ans, Brit, qui est une vraie championne. Mais en dehors d'elle, je suis super content si l'équipe habituelle vient. Ce sont tous des gens bien et ils viennent chacun avec leurs particularités. Que de bonnes vibrations et il n'y a pas de têtes de nœud.

Ode au voyageur solitaire

par Calum Creasey

Réflexions personnelles sur le voyage en solo, l'égalité des sexes et l'affranchissement de soi

Voyager en solo n'est pas facile, mais le temps que j'ai passé à voyager seul dans mon van a toujours été une bonne expérience pour moi. Le sentiment de familiarité et de tranquillité dans le van me donne de la force. Passer du temps seul avec soi-même, à l'écoute de sa voix intérieure, est bon pour l'esprit. Après tout, combien de fois prenons-nous le temps d'apprendre à vraiment nous connaître ?

Lorsque vous êtes seul, vous êtes plus abordable que lorsque vous êtes en groupe. En tant qu'étranger, on vous aborde plus facilement quand vous êtes seul dans un van que quand vous êtes avec un grand groupe d'amis. J'ai réalisé que c'était plus facile de se faire des amis, que la conversation se fait avec moins de difficultés et que les gens acceptent les voyageurs seuls plus naturellement. Malgré cela, le contact avec les gens me faisait défaut. Je ressentais non seulement le besoin de voir mes proches, mais aussi de savoir que j'étais en sécurité. Certains disent qu'en tant qu'hommes, nous sommes confrontés à une soi-disant crise de la masculinité. En effet, lorsque j'étais plus jeune, il m'était difficile d'accepter que de voyager en solo soit une épreuve pour moi. Au début, je croyais que c'était une épreuve à surmonter en tant qu'homme, que je devais être capable de disparaître à l'horizon sans faire trop d'histoires. Une preuve de ma nature sauvage. Un passage à l'âge adulte, un test. Ma façon à moi de quitter la tribu et d'affronter les dures réalités de la nature. En vieillissant, l'importance de ces leçons d'initiation est devenue plus évidente. D'une part le fait de vieillir, et d'autre part le fait de découvrir qui j'étais réellement. Ce que signifiait être un homme, et ce que cela ne devait pas signifier. J'ai rencontré tellement de vanlifers de la gent féminine, passionnés par la vanlife, qu'il est évident pour moi que cette communauté est un lieu d'égalité, peut-être même à dominante féminine.

Malgré les choses à première vue machos, comme l'huile de moteur, la rouille, les clés à molette et les moteurs. Malgré ce que les livres d'histoire ou la tradition ont tendance à montrer. Il est faux de penser que les femmes sont incapables d'être des aventurières. Mes trois sœurs aînées et ma mère ont beaucoup plus voyagé que moi. Cela m'a inspiré en tant que jeune homme, plus que n'importe quel groupe d'hommes se lançant dans une expédition téméraire. C'est peut-être audacieux pour moi de dire cela parce que je suis jeune, mais nous en avons discuté longuement dans le *Rolling Home Journal* avec de nombreuses voyageuses. Cependant, voyager en solo quand on est une femme comporte ses propres difficultés.

En matière d'égalité des sexes, les femmes sont malheureusement toujours plus stigmatisées que les hommes. Le mouvement #MeToo et les écarts de rémunération entre les hommes et les femmes en occident sont autant de preuves qu'il reste encore un long chemin à parcourir. Mais outre les préjugés culturels, il n'y a rien qui dissocie la capacité d'une femme à voyager de celle d'un homme. L'expérience peut être différente, l'accueil dans certains pays peut être différent, mais l'élément humain est sensiblement le même. En fait, les personnes les plus aventureuses que j'aie jamais rencontrées étaient des femmes.

Les femmes ont une certaine capacité et un sens de la perception accru pour raconter des histoires qui, à mon avis, font parfois défaut aux hommes. Ce que les voyageuses seules en van nous montrent, en plus de chasser nos propres stéréotypes culturels, c'est que peu importe qui vous êtes, un van peut devenir votre maison et vous conduire dans des endroits incroyables. Cela peut être au sens littéral ou métaphorique, physique ou psychologique. Le fait que nous soyons plus surpris de voir une femme descendre d'un van qu'un homme en dit long sur nos défauts et les préjugés profondément ancrés dans la société d'aujourd'hui. C'est le fait de voyager qui met véritablement tous les sexes sur un pied d'égalité.

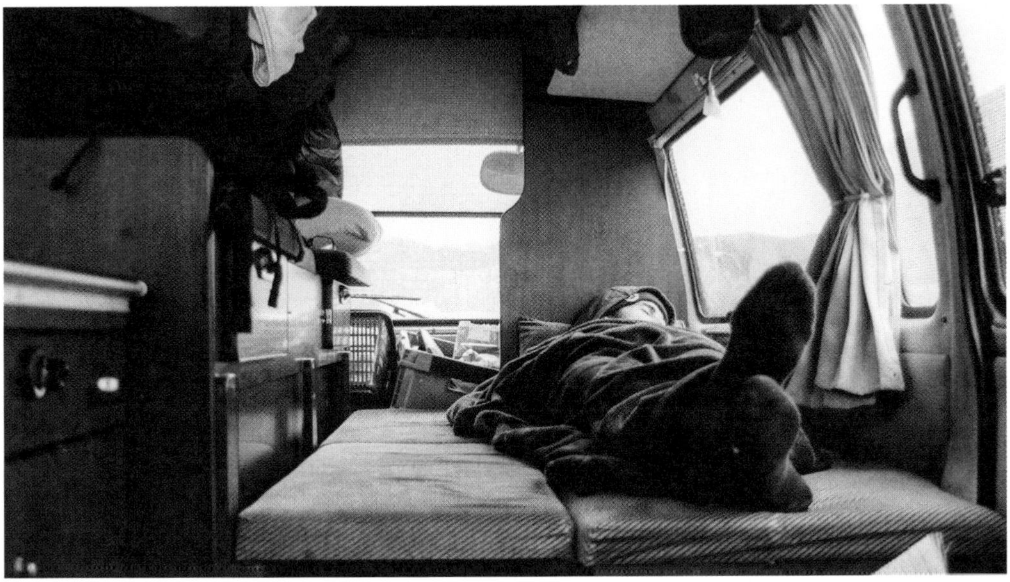

I THINK WE'RE LOST?

Chapitre quatre

LES LIEUX

Où allons-nous ?

par Calum Creasey

Nos endroits préférés

Si je pense aux endroits où nous sommes allés, ceux qui sont gravés dans nos esprits, je ressens une légère agitation. Je sais que ces endroits nous attendent à ce moment précis. Peut-être qu'un autre van est garé à cet endroit en particulier, et que ses occupants sont en train de découvrir à quel point il est spécial. Souvent, ce sont les endroits peu glamour, ceux sur lesquels on tombe par hasard, qui laissent la marque la plus profonde.

Je me souviens de forêts bordant des plages de sable blanc dans le sud de la Suède. Début septembre, lorsque nous nous réveillions tard avec le soleil très bas dans le ciel, le sentant réchauffer lentement le flanc du van. La mer Baltique perdant son habituel teint gris au profit d'un bleu vif. Les archipels et les îles minuscules nous faisant désespérer de ne pas tracter un petit bateau derrière le van ou de ne pas avoir suffisamment de place pour des kayaks sur le toit. Je pense aux criques rocheuses de la Galice, au nord de l'Espagne, avec des plages et des vagues rien que pour nous. Ou au vent et à la pluie qui duraient des semaines entières. Quand tous les autres voyageurs semblaient se diriger dans la direction opposée. Nous ressentions le besoin de nous y rendre à cause de la mélancolie éprouvée sur les parkings du sud-ouest de la France.

Lorsque la houle de l'été disparaissait et que les autres occupants de vans soignaient leurs gueules de bois, faisaient du skateboard ou jouaient de la musique. Penchés sur nos cartes, en essayant de décider s'il fallait se rendre en direction de l'ouest ou de l'est. Le premier signifiait les Pyrénées, le Pays basque accidenté qui borde la France et l'Espagne. Des après-midis à manger des pinchos à San Sebastian en sirotant du vin blanc frais dans des ruelles ombragées.

Des pics montagneux qui mettraient à l'épreuve l'endurance de notre petit van pas très puissant. En deuxième vitesse jusqu'au sommet. Les vignobles et les endroits « réservés aux locaux ». Le surf au coucher du soleil avec les montagnes enneigées au loin avec une petite ville espagnole au premier plan.

Ou bien nous choisissons la seconde option et nous nous dirigeons vers la Méditerranée. La Côte d'Azur, malgré tous ses clichés et son opulence, peut encore vous surprendre avec ses criques rocheuses bien dissimulées et ses eaux cristallines. Direction les Alpes, où la neige hivernale fait place aux pistes de VTT, les remontées mécaniques amenant les marcheurs au sommet plutôt que les snowboardeurs. Le nord de l'Italie, avec Gênes et Milan, avant de retrouver les montagnes et le lac Majeur. Puis nous nous dirigeons vers le nord, franchissons les cols et entrons en Suisse et en Autriche, ou bien nous continuons vers l'est. Vers la côte Dalmate, la Grèce et les portes de l'Asie. Que vous vous trouviez, comme nous, en Europe et que vous ayez le choix entre 50 pays, avec une multitude de cultures, de langues et de cuisine locale à portée de main. Ou que vous traversiez l'Amérique du Nord, une masse terrestre unique offrant presque tous les paysages imaginables. Peut-être vous trouvez-vous en Australie, avec ses terres arides entourées de milliers de kilomètres de côtes toujours changeantes.

Ou bien vous vous trouvez dans les profondeurs de l'Amérique du Sud, où la forêt tropicale fait place à des cols de haute altitude et à des endroits parmi les plus reculés de la planète. N'est-il pas merveilleux que ces véhicules nous permettent de parcourir tant de kilomètres avec une telle aisance ? Lorsque la route s'arrête, ils nous permettent de trouver une plage ou un désert, une vallée ou un sentier de randonnée. Des collines ondoyantes parsemées de moutons et de petites parois rocheuses. Des chaînes de montagnes aux sommets enneigés ou de vastes lacs nichés dans les terres. Nous pouvons descendre d'un ferry et découvrir un paysage étrange et passionnant. Ou bien nous pouvons trouver exactement ce que nous cherchons à quelques kilomètres de chez nous.

L'art de voyager en van - et pour moi il y a réellement un côté artistique - n'est jamais une science exacte. La recherche de l'endroit idéal pour y séjourner ne porte pas toujours ses fruits. Parfois, vous repartez déçu. Frustré que la carte, le GPS ou la recommandation d'un autre voyageur n'ait pas répondu à vos attentes. Loin de se douter que la prochaine destination possède tous les petits détails que vous recherchiez. Le temps est idéal, le col de montagne est ouvert, le camping a un emplacement libre.

Où allons-nous ? Je pense que la réponse est n'importe quel endroit que nous aimons, et même certains que nous n'aimons pas.

Vanhalla

Dans la mythologie scandinave, le Valhalla est la grande salle où les guerriers se rendent après être tombés au combat. Pour manger et boire, faire la fête jusqu'à la fin des temps. À côté de ce lieu de grande renommée, il existe une terre moins connue, la Vanhalla. Certains disent que c'est un lieu imaginaire, où les vans et leurs conducteurs se rendent lorsqu'ils ne voyagent plus. On a rarement l'occasion de voir un paysage aussi vaste s'étendre devant soi. Une tapisserie de terre et de végétation en constante évolution. Les effets de millions d'années d'érosion, de continents en mouvement et de périodes glaciaires. L'hiver, le printemps, l'été et l'automne existent en même temps. Cette carte offre un aperçu de cet endroit.

La checklist

Si vous ne savez pas où aller en van, voici quelques-uns de nos endroits préférés : ceux que nous avons visités, ceux que nos amis ont visités, et quelques-uns que nous espérons visiter un jour.

Europe

Cornouailles, Royaume-Uni

Notre région adoptive. Le printemps ou l'automne sont les meilleures saisons pour s'y rendre. Évitez si possible les foules estivales. Les petites rues s'engorgent. La région perd son rythme lent et son côté pittoresque de juillet à août. Les petites criques et les plages de sable peuvent être d'une beauté à couper le souffle. Le camping sauvage est parfois difficile, mais avec un peu d'audace on est souvent bien récompensé.

Îles Hébrides, Écosse

Prenez le ferry en passant par toutes les petites îles jusqu'à la pointe nord de Harris.
Des baies abritées de sable blanc avec une eau cristalline - souvent désertes, ce sont les meilleurs endroits pour faire du camping sauvage.

Galice, nord de l'Espagne

Pour nous, la Galice nous rappelle le littoral des Cornouailles. Il suffit d'y aller au bon moment et la Galice prend un air isolé, elle n'est pas coupée du monde, mais tranquille dans tous les sens du terme. De la bonne nourriture, des vagues et des plages superbes. Assez de place pour se garer gratuitement sans avoir à se soucier des habitants du coin.

Côte Ouest de l'Irlande

Le temps peut y être morne et parfois le vent vous fait tomber à la renverse. C'est une côte sauvage et impitoyable. D'énormes vagues déferlant au pied d'anciennes falaises. Des champs verdoyants, de la tourbe noire et des ruines en pierre. L'ouest de l'Irlande peut être un endroit sauvage, surtout en hiver. Mais il y a toujours un pub convivial avec une cheminée où se retirer le soir. Ayez une pensée pour les surfeurs de vagues géantes au-dessus des plaques de roche dure - cela en vaut la peine.

Les Landes, sud-ouest de la France

Là où beaucoup d'entre nous se sont fait les dents. Ces dernières années, les autorités locales ont pris des mesures sévères à l'encontre des dizaines de vans qui descendent ici chaque été, et peut-être ont-elles raison de le faire. Mais quelle que soit l'affluence entre juin et août, en septembre, il est difficile de quitter cette partie du littoral, avec ses plages qui semblent interminables, ses forêts de pins et ses bancs de sable qui changent tout le temps.

Scandinavie

Öland, sud de la Suède

Une île étroite au large de la côte est du sud de la Suède. Elle n'est reliée au continent que par un pont. Principalement des terres agricoles, la pointe nord est constituée de forêts de pins qui descendent jusqu'au littoral sauvage. Nous y avons passé quelques journées magnifiques à l'automne 2013.

îles Lofoten, Norvège

Tout le monde a vu les photos sur les réseaux sociaux et cet endroit est peut-être victime d'une trop grande popularité. Tout le monde a entendu parler des longues files d'attente pour prendre des photos à certains endroits. Tout cela devient dérisoire quand on voit les imposants pics de granit qui s'élèvent tout droit dans la mer du Nord. Les petites villes et les villages occupent les basses terres et les îles. Ayez en tête les aurores boréales et un soleil d'hiver qui ne se couche pas. Peut-être même une ou deux vagues glaciales.

Amérique du Sud

Argentine, Chili et Bolivie

Le relief est dominé par la puissante chaîne de montagnes des Andes, la plus longue du monde. De nombreuses civilisations anciennes ont vénéré ses hauteurs. Des plaines plates à des milliers de mètres d'altitude à la forêt tropicale dense et profonde. Il faut parfois s'habituer à l'altitude. Un coin du monde spectaculaire qui abrite certaines des cultures les plus vivantes et mystérieuses de la planète. Si la magie existe encore sur cette terre, c'est ici qu'on la trouve.

Amérique du Nord

Joshua Tree, Yosemite et Vallée de la Mort, Californie

Il y a beaucoup de choses à voir en Californie. Ce n'est donc pas à nous de décider si ces trois sites sont les meilleurs. Mais c'est un excellent point de départ. Joshua Tree ressemble au Far West, sauf qu'au lieu de cow-boys, vous y trouverez des campings remplis de passionnés d'escalade. Il fait très chaud dans la Vallée de la Mort, comme son nom le suggère. Les campings sont un mélange de couples à la retraite dans des camping-cars et de groupes de jeunes dans des vans hors d'usage, ce qui donne un amalgame assez éclectique. Yosemite est tout simplement magnifique, mais il peut être très fréquenté par des bus remplis de touristes. Veillez à vous lever tôt, à grimper sur les sentiers ou à vous promener dans les prairies lorsque le soleil n'a pas encore envahi la vallée. On peut vous pardonner de croire que vous avez fait un pas en arrière dans le temps de quelques milliers d'années.

Montana, Wyoming et Utah

Essayez de visualiser les pionniers en calèche et les vastes prairies qui s'étendent jusqu'aux sommets enneigés à l'horizon. Les cow-boys et les fermes en bois. Les Rocheuses possèdent une certaine magie - une frontière de l'Ouest qui conserve encore la promesse de quelque chose de nouveau, si vous êtes assez courageux pour aller le chercher.

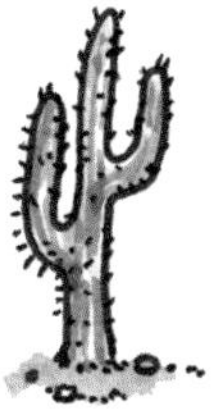

Basse-Californie, Mexique

Beaucoup de gens viennent ici pour s'échapper. Pour fuir la société. À la recherche de vagues et d'un mode de vie plus simple. La région jouit d'une réputation haute en couleur, pour de bonnes raisons à bien des égards. Tous ceux qui l'ont visitée vous diront de prendre beaucoup d'eau, de faire des provisions de fruits et de conserves et de vous préparer à être coupé du monde pendant des jours, voire des semaines. Ah oui, et à rencontrer des personnages intéressants.

Afrique

Maroc

C'est le point de départ pour de nombreux Européens. Le Maroc est un melting-pot de cultures, d'architectures et de cuisines européennes, arabes et nord-africaines. C'est une route bien fréquentée et utilisée par des milliers de vanlifers chaque année. Il fait chaud, c'est plein de couleurs et magnifiquement vivant. Le littoral atlantique est reconnu pour ses vagues et ses emplacements de camping gratuits. C'est l'endroit idéal pour s'imprégner de la culture. Lorsque la chaleur de la côte devient trop forte, partez à la découverte des montagnes de l'Atlas, ou trouvez la paix et la tranquillité dans un riad traditionnel.

Parc national de Meru, Kenya

Pensez ce que vous voulez de notre impact sur la faune dans le monde, ici on peut voir les créatures les plus majestueuses de la Terre dans leur habitat naturel. J'y étais en 2013 et j'ai souvent vu des véhicules tout-terrain et des 4x4 avec des plaques d'immatriculation européennes. Si vous avez réussi à aller jusque là-bas en van, alors chapeau bas à vous.

Australie

Sud-ouest de l'Australie

L'adage du routard moderne dit : «Achetez un van en Australie et voyagez le long de la côte jusqu'à ce que le moteur rende l'âme ou que vous le vendiez». Cet endroit est un paradis pour voyager en van. La taille de son littoral est remarquable. Il y a toujours plus de routes à parcourir, de plages à découvrir et de terrains de camping à fréquenter. Un ciel bleu, une eau encore plus bleue et du sable blanc. Si vous êtes dans un van d'occasion, il y a de fortes chances qu'il ait déjà fait cette route plusieurs fois.

Coles Bay, Tasmanie

Le parc national de Freycinet surplombe la mer de Tasmanie. Un endroit fantastique pour laisser le van et partir en randonnée.

Inde

Hampi, Inde

Nous n'y sommes jamais allés, mais un endroit peut quand même vous attirer. C'est le cas de l'Inde. Au travers des histoires des autres, nous l'avons visitée. Rebecca Hawkes nous a parlé de cet endroit dans le *Rolling Home Journal*. Elle y a voyagé dans un van, avec quatre compagnons, le long d'autoroutes poussiéreuses et très fréquentées. Parmi les temples et les rochers, les couleurs et les odeurs, elle y a trouvé quelque chose de très spécial.

Canada

Tofino, île de Vancouver

Les photos de Shayd Johnson suffiront à vous inciter à vous rendre en Colombie-Britannique. Tofino est l'endroit idéal pour y régler votre boussole. Garez-vous le long d'une crique d'eau salée sous le couvert de la forêt verte, et installez votre campement.

Taffie et le pays au long nuage blanc

par Alfie Conor Edwards

Un récit de vanlife en Nouvelle-Zélande

Des quartiers est de Londres à l'île Sud de la Nouvelle-Zélande, à presque 19 000 kilomètres de chez nous. Une petite plaque cachée dans l'armoire de notre van nous rappelle, à Olivia et à moi, où tout a commencé.

Nous nous sommes rencontrés à la ferme Mudchute, dans l'est de Londres, il y a moins de trois ans. J'étais réparateur de vélos et Olivia était barista chez un torréfacteur néo-zélandais. Visiblement, le vélo et le café vont de pair, et nous aussi. Alors que nous ne nous connaissions que depuis six mois, nous nous sommes retrouvés à prendre l'avion pour la Nouvelle-Zélande ensemble, notre décision ayant été motivée par les récits personnels de nos amis et de la famille. Notre intention était simplement de fuir momentanément le rythme effréné de Londres, mais, plusieurs visas plus tard, l'énergie que nous avons dépensée pour échapper à cette ville de folie, nous l'utilisons désormais pour explorer les magnifiques endroits qui nous entourent ici, à Nelson.

Quitter son chez-soi n'est jamais facile. Nous avons laissé derrière nous nos amis, la famille et Florrie, la chienne. La plupart d'entre nous aiment sortir de nos véhicules et rentrer dans nos maisons. Olive et moi avons tous deux la même sensation quand on ferme la porte de notre véhicule : en un tour de clé, nous pouvons emporter notre maison où bon nous semble. C'est devenu une maison de transition qui nous rapproche de notre foyer au Royaume-Uni, ornée de cadeaux d'amis et d'un intérieur construit il y a des décennies dans l'est de Londres. En même temps, le van nous permet de nous évader dans les régions les plus reculées de la Nouvelle-Zélande, nous éloignant encore plus de l'endroit d'où nous venons en nous rapprochant de celui où nous voulons être.

Nelson Lakes est l'une de nos petites escapades les plus précieuses. La journée commence par le chargement d'en-cas dans la camionnette, beaucoup trop pour notre voyage qui sera relativement court.

J'attache mon vélo sur le porte-bagages, et je jette un casque et un sac à dos préparé à l'avance, rempli de pièces de rechange et d'outils indispensables, à l'arrière du van, tandis qu'Olivia range méthodiquement son matériel pour préparer le café, qui consiste en un moulin, un Aeropress, une balance à café, les grains de son choix et, surtout, sa tasse du moment (qui change souvent, mais au cas où vous vous posez la question, il s'agit actuellement d'une tasse en porcelaine japonaise Hasami). Chaque chose à sa place.

Nous quittons Nelson en faisant les arrêts inévitables pour le carburant, Olivia prend un café au lait de 175 ml et Taffie 20 litres d'essence. Trente minutes plus tard, la réception téléphonique est presque nulle, une playlist de R&B des années 90 sort des haut-parleurs, et nous roulons lentement à travers les collines ondoyantes. Des agneaux fraîchement tondus remplissent les enclos des fermes environnantes, et nous apercevons des boucs, des poneys, des cerfs, diverses races de bétail et un cheval solitaire qui ressemble à Prince Noir. Comme des enfants en voyage scolaire, nous saluons chacun d'eux au passage.

Les terres agricoles s'amenuisent et des forêts denses remplissent notre environnement. Les forêts de pins commerciales sont supplantées par des hêtres indigènes, les collines s'élèvent, et le van semble avancer à reculons. Nous rampons jusqu'au point le plus élevé de notre itinéraire, à quelque 700 mètres au-dessus du niveau de la mer. Le régime du moteur est élevé, tout comme la température de l'huile. Nous apercevons une clairière à notre gauche, normalement réservée aux camions d'exploitation forestière, mais c'est le week-end et c'est l'endroit idéal pour laisser la vieille fille se refroidir, se dégourdir les jambes et mettre la bouilloire en route. Après tout, nous méritons bien une tasse de thé et nous avons une abondance d'en-cas que nous consommons de notre mieux. Pendant ce temps d'arrêt, quelques véhicules nous dépassent. La majorité d'entre eux ne nous repèrent pas, mais ceux qui le font ont une expression de confusion ou d'inquiétude sur leur visage. Je suppose qu'une VW vieille de 35 ans arrêtée sur le bord de la route semble indiquer que nous avons besoin d'aide, mais nous sommes sereins.

La dernière étape du voyage vers Saint-Arnaud est assez courte et c'est par chance assez plat. Nous roulons tout droit à travers Saint-Arnaud, notre objectif étant d'atteindre les lacs. Nous nous arrêtons au bord du lac Rotoiti et descendons rapidement du van. Avec ses eaux claires et tranquilles et ses rives parsemées de galets, nous nous précipitons à la recherche des plus beaux que nous pouvons trouver pour faire des ricochets. Je ne sais pas ce qui motive une telle envie de lutter contre les lois de la physique, mais j'espère que c'est une envie qui ne vieillira jamais.

Canton du Valais, Alpes Suisses

Van-ee-moon

par Hannah Stocks

Un recueil de photos argentiques d'Europe

Certains diront que nous sommes gourmands, mais nous voulions goûter un peu à tout : l'air pur des montagnes, les descentes glaciaires mordantes et les altitudes abruptes qui purifient vos poumons et vous laissent sans souffle. Les possibilités de surf infinies des plages et des embouchures de rivière, le camping sauvage, les visages incrustés de sel et le genre de couchers de soleil qui vous font tomber amoureux encore et encore. La tranquillité du littoral associée à une tranche d'action de la ville, l'agitation et, bien sûr, du bon café. Nous désirions une vie simple pendant un mois, des rituels quotidiens, un coin de paradis sur quatre roues. Nous venions de nous marier ; rien ne semblait plus délicieux...

Pays basque, Espagne

Lac glaciaire, Alpes, Suisse

Cantabria, Espagne

Glacier de Moiry, Suisse

Ouest de la Galice, Espagne

Haute-Savoie, Alpes, France

Tous les mécaniciens d'Amérique du Sud

par Xenia Kegel

Un road trip d'Allemagne en Amérique du Sud

Nous sommes Micha et Xeni. Nous sommes le genre de couple ringard qui passe chaque minute ensemble, à faire des plans pour sauver la planète et à voler des chevaux la nuit. Nous vivons d'habitude à Heilbronn, une petite ville du sud-ouest de l'Allemagne. C'est bien ici, nous avons tout ce qu'il faut, mais bien que nous aimons notre maison, nous voulions déployer nos ailes et partir à la découverte du monde par nous-mêmes.

On nous a si souvent posé la question : pourquoi partir ? Notre réponse a toujours été : pour pouvoir revenir et voir l'endroit d'où nous venons avec un regard neuf. Revenir à l'endroit d'où tout a commencé n'est pas pareil que de ne jamais en partir. Et comment mieux vivre cette aventure que dans une maison roulante ? Elle nous donnerait le sentiment d'être chez nous tout en nous permettant de découvrir de nouveaux endroits et d'en apprendre davantage sur les choses simples de la vie. Nous voulions quitter la zone de confort de l'Europe et découvrir ce qu'était vraiment la vie.

Ainsi, avec cette simple idée en tête, le voyage est devenu de plus en plus réalité. Une histoire banale - nous avons commencé par vendre toutes les affaires dont nous n'avions pas besoin. Moins nous en avions, plus nous étions heureux. Nous avons appris que le bonheur vient à la suite d'un effort personnel. Vous vous battez pour cela, vous luttez, vous insistez pour l'obtenir, et parfois même vous faites le tour d'un continent à le chercher. Nous voulions profiter de la vie. Dorénavant, nous aurions tout le temps du monde - le temps de lire de nouveaux livres, de faire du pain dans la cheminée, de faire de longues promenades - et bien sûr de rencontrer ce qui nous a semblé être tous les mécaniciens d'Amérique du Sud.

Nous avons discuté tant de fois au sujet de quel véhicule choisir : « Prenons une voiture », « Non, un Volkswagen T3 », « Mais les Mercedes ne sont-ils pas plus robustes ? », « Mais ce van a l'air plus joli », « Combien d'argent pouvons-nous nous permettre ? ». Au bout du compte, c'est par pur hasard que nous avons trouvé notre Volkswagen LT 28. Nous étions à Nuremberg, devant un van Mercedes dont nous étions tombés amoureux. Mais l'intérieur était dans un état lamentable. Juste à côté, il y avait le LT. À l'époque, il était rouge, très rouillé et l'intérieur était vraiment démodé. Mais vous connaissez ce sentiment, lorsque vous entrez dans une maison - ou dans ce cas, une maison vraiment minuscule - et que vous vous dites, oui, c'est celle-ci ! Plus tard, nous avons réalisé à quel point ce véhicule était vraiment unique. Après l'avoir acheté, nous avons fait beaucoup de recherches sur les LT, et je pense qu'il n'en existe que quelques-uns avec ce type de toit.

Nous avons commencé par retirer tout l'intérieur pour le reconstruire en entier. Malheureusement, nous y avons trouvé de la moisissure et d'autres choses effrayantes - mais pour un van de plus de 30 ans, il fallait s'y attendre. Heureusement, nous avons pu recycler beaucoup de choses. Nous avons utilisé du bois provenant de palettes et de la moquette de l'entreprise de Micha. Nous n'avons pas du tout pensé au plus important. En fait, nous voulions juste créer quelque chose qui soit confortable pour nous. Plus tard, lorsque nous étions sur la route, il a fallu modifier de nouveau l'intérieur pour le rendre encore plus pratique. La rouille était une source d'inquiétude donc nous avons décidé de repeindre notre nouvelle maison – c'était l'idée la plus stupide au final, car une fois que l'intérieur était tout beau et tout propre, c'était très difficile de ne pas tout abîmer.

Une fois la conversion terminée, nous avons expédié le van en Amérique du Sud. Ce qui nous motivait le plus dans ce voyage, c'était la découverte de nouvelles cultures. Nous avons appris quelques expressions de base en espagnol, mais sans plus. Excités comme des puces, nous avons sauté dans l'avion sans penser à la suite. Lorsque nous sommes arrivés à Bogotá, en Colombie, tout le monde était si gentil, si intéressé et si accueillant. À partir de ce moment-là, nous avons profité de chaque seconde comme des enfants. Tout était nouveau, nos cerveaux étaient en ébullition et nous avons réalisé que nous pouvions faire beaucoup de choses avec le peu d'espagnol que nous connaissions. Nous conseillons tout de même d'apprendre la langue - très peu de gens parlaient anglais et même si nous avons pu aller très loin au début, c'était vraiment dommage de ne pas pouvoir parler à plus de monde comme nous l'aurions fait dans notre propre langue.

Avant de partir en Amérique du Sud, beaucoup de gens nous avaient dit que c'était une région dangereuse et que la rue pouvait être risquée pour les voyageurs, qu'il fallait faire attention à l'eau potable, à la nourriture et aux animaux sauvages. Nous avons vite compris que ce n'était tout simplement pas le cas. Bien sûr, nous ne pouvons que parler de notre propre expérience. Nous avons suivi quelques règles de base, du moins au début : ne pas conduire la nuit (surtout parce que certaines rues ont des nids de poule très profonds) ; lorsque vous faites vos courses, ne pas se garer dans un parking qui n'est pas surveillé ; ne pas emporter trop d'argent quand vous êtes en public. Néanmoins, jamais nous ne nous sommes sentis en danger ou retrouvés dans une situation délicate.

L'état des routes est une autre histoire. Plus vous êtes au nord de l'Amérique du Sud, plus les villes sont petites et plus les rues sont en mauvais état. Cela peut être une expérience amusante ou bien vous êtes épuisé dès la première minute derrière le volant. Le van est resté coincé tellement de fois - nous avons été tirés par des chevaux et des tracteurs, ou nous avons simplement utilisé la force de nos bras. La première fois, c'était vraiment la panique - mais plus on s'enfonce, plus il faut se détendre. Les dernières fois, nous avons juste fait du café et profité de l'instant jusqu'à ce que quelqu'un vienne nous aider. Il y avait toujours quelqu'un pour nous aider.

Nous avons commencé par Bogotá, Balu, notre van, étant arrivé au port de Cartagena. Nous avons donc roulé du nord au sud du continent. Nous avons traversé la Colombie, de la côte des Caraïbes aux montagnes en passant par la jungle profonde, le volcan Nevado del Ruiz, les cultures de café de Quindio, jusqu'en Équateur. Là, nous avons vu d'autres montagnes à couper le souffle, les plus hautes de la planète pour certaines, dont le Chimborazo d'où l'on peut voir la courbe de la Terre. Nous sommes allés de nouveau en direction de la jungle, puis vers l'autre côté de ce magnifique pays - la plage. Après une étape dans la ville hippie très amusante de Vilcabamba, nous sommes partis en direction du Pérou et c'est là, pour la première fois, que nous avons vraiment eu un aperçu de ce que c'est que d'être en altitude. Nous sommes restés au-dessus de 4 000 mètres la plupart du temps, et nous avons traversé les Andes magnifiques. Une petite ville passait après l'autre, jusqu'à ce que nous arrivions à Caraz pour Noël, une jolie cité avec un beau camping. Nous sommes allés à Lima pour fêter le Nouvel An et nous avons suivi la plage jusqu'aux lignes de Nazca. Le Machu Picchu était l'une de nos plus importantes étapes, et en fait la seule que nous avions planifiée. En traversant le lac Titicaca, nous sommes allés en Bolivie, nous avons profité du Salar de Uyuni et c'est la première fois que moi, Xeni, je suis tombée vraiment malade. J'ai marché sur un cactus et j'ai eu une très grosse fièvre et de la diarrhée.

Une fois remise, nous avons quitté la Bolivie pour nous rendre dans une région viticole en Argentine. De San Salvador de Jujuy à Córdoba, nous nous sommes émerveillés devant tous les vignobles. De là, nous avons traversé plusieurs fois la frontière entre le Chili et l'Argentine. Ce n'est pas inhabituel, car les deux pays sont très proches l'un de l'autre, et traverser la frontière plusieurs fois est la meilleure façon d'explorer cette région. Mais cela peut aussi être épuisant, car, pour certaines raisons gouvernementales, il est interdit de faire passer de la nourriture ou tout autre produit animal par la frontière. Au bout du compte, nous sommes arrivés au point le plus méridional de la Terre accessible en voiture. Ici, nous avions l'impression d'être les derniers êtres humains sur la planète. C'était l'automne à Tierra del Fuego, l'un des meilleurs endroits où nous sommes allés.

Nous rêvions d'échapper à notre vie ordinaire, mais notre vie n'avait jamais été ordinaire. Nous n'avions simplement pas remarqué à quel point elle était extraordinaire. De même, nous n'avions jamais imaginé que notre maison pourrait nous manquer. Nous sommes maintenant de retour dans notre ville natale. Avant de rentrer en Allemagne, nous avons vendu notre âme sœur, Balu le van, au couple le plus gentil de Santiago du Chili. Pour lui, l'aventure continue. Nous prévoyons maintenant de rapidement partir en voyage à travers l'Europe. Mais cette fois en voiture avec une tente sur le toit. Nous n'avons vraiment pas besoin de grand-chose, comme nous l'avons appris lors de notre voyage en Amérique du Sud!

The Lucky Vanlife
HN LT 28H

Des vacances, mais où ?

par Dane Faurschou

Un recueil de photos d'Amérique du Nord

Je m'appelle Dane Faurschou et je suis photographe, surfeur et montagnard originaire de Byron Bay, en Australie. J'ai vécu à Copenhague pendant quelques années, où j'ai rencontré ma petite amie, Sara, qui est devenue ma muse éternelle. Nous avons quitté Copenhague ensemble en février 2017, et nous vivons sur la route depuis lors. Lorsque nous avons commencé ce voyage, nous n'étions pas sûrs de ce qui allait se passer ou si nous allions même aimer vivre dans un van. Les premiers mois ont été difficiles, surtout au Canada en hiver, mais, maintenant, honnêtement je ne pense pas que nous pourrions voyager autrement.

Ma passion pour la photo était une chose que je voulais poursuivre en particulier. Transporter deux appareils, surtout de moyen format, n'est pas toujours très pratique, et je me surprends à sortir de mon sac des choses dont je pourrais avoir l'utilité, alors qu'en réalité c'est de deux appareils dont je n'ai pas vraiment besoin. Mais c'est plus fort que moi, et prendre des quantités de photos dans des endroits qui sont souvent difficiles à atteindre est l'une des sensations les plus satisfaisantes pour moi. Mais il m'arrive parfois de tout gâcher, alors je me déteste.

Le Canada

J'ai grandi dans une petite ville côtière en Australie où les températures minimales en hiver sont d'environ 15 °C. J'observais et j'enviais les gens qui prenaient des photos de régions enneigées, en pensant que c'était un endroit magique où l'inspiration était omniprésente. Je ne sais pas si c'est vrai pour tous les climats froids, mais c'était le cas pour le Canada. Nos six semaines d'hiver là-bas étaient rudes, mais j'ai pris des tas de photos et j'ai vécu des expériences que jamais je n'aurais pensé vivre un jour.

Le Squamish Chief

Lorsque j'ai enfin acheté un appareil photo numérique il y a quelques années, j'ai eu l'impression de me trahir moi-même, ah ah, alors j'ai dépensé le reste de mon argent dans un appareil photo moyen format avec l'intention de faire des randonnées avec en montagne, dans la neige. C'était peut-être un peu ambitieux vu le poids de l'appareil, mais je l'ai traîné presque partout où je suis allé, y compris sur le troisième plus haut sommet d'Amérique du Nord. Lorsque je l'ai acheté, j'imaginais des photos comme celle-ci : des sommets menaçants, enneigés et froids, sans personne autour. Voici la première image que j'ai prise avec cet appareil, et c'est toujours l'une de mes préférées.

Ice Fields Parkway – à droite

Il y a quelques images que j'ai prises qui, pour moi, représentent la quintessence du Canada, et celle-ci en fait partie. Il est difficile de capturer la taille des montagnes et de montrer à quel point la route est glacée. Chaque jour que vous passez à conduire semble devenir de plus en plus difficile. Sans compter qu'il n'est pas toujours facile de descendre de voiture quand il fait entre -15° et -20 °C. Mais j'ai tenté le coup et nous avons adoré chaque seconde de ce voyage !

Le Mexique

Le Mexique est plein d'endroits étonnants entièrement dépourvus de toute forme de tourisme. Nous avions constamment des endroits comme ça rien que pour nous. C'est parfois inquiétant de camper seul, surtout après quelques-unes des expériences que nous avons vécues (10 à 15 hommes armés de machettes bloquant de nuit une petite route menant à une chute d'eau, qui tentaient de nous faire sortir de la voiture avant que je ne leur rentre dedans pour nous enfuir), mais si vous arrivez à vous tranquilliser et à accepter que 99,9 % du temps, c'est cool, alors un événement comme celui-ci finira par vous sembler anodin.

The Wave, Arizona

Le fait de voyager constamment et de photographier les mêmes endroits vus des dizaines de fois sur le net a un peu étouffé ma créativité. On se laisse prendre par les meilleurs éclairages et les meilleurs endroits, et c'est un peu un concours de popularité. Même pour un scénario aussi époustouflant que The Wave. Je voulais commencer à faire quelque chose d'un peu différent, pour que les gens s'arrêtent pour prendre le temps de regarder l'image. Étant donné que la photo a été prise sur pellicule, il s'agit d'un processus un peu plus complexe qu'une simple création faite avec Photoshop. Je suis en train de créer une série d'images qui, je l'espère, ralentira un peu le défilement des doigts des gens.

Station balnéaire privée, au Mexique

Pour moi, c'est ça la vanlife. C'est la raison pour laquelle nous avons acheté le van. Trouver des endroits comme celui-ci en voyageant autrement est presque impossible. Nous n'avons pas de gros 4x4 donc nous ne pouvons pas conduire des jours entiers le long des plages et à travers les forêts. Nous n'avons jamais pu aller plus loin. Mais trouver des vagues super fun en longboard et des tortues qui nichent dans une zone où il n'y a rien d'autre qu'une vieille station balnéaire abandonnée et y passer quelques jours sans personne autour, à surfer et à boire du lait de coco, est pour moi l'un des accomplissements les plus parfaits de ce style de vie.

Alabama Hills

À l'origine, j'ai pris cette photo pour l'utiliser pour ma story sur Instagram. Il s'avère qu'elle est devenue l'une de mes images préférées du van. Elle a été prise dans les Alabama Hills, en attendant que le soleil se couche pour photographier autre chose. En dehors de cette photo, c'était un peu surréaliste de voir quelque chose plusieurs fois par jour (l'arrière-plan de la plupart des ordinateurs Mac est une scène prise dans les Alabama Hills) sans jamais vraiment y penser, puis le faire prendre vie devant soi.

La Vallée de la Mort

C'est un endroit que je voulais photographier depuis des années. Je l'avais vu en photo, mais je n'en avais vu qu'une seule qui, selon moi, lui rendait justice, et à partir de ce moment-là, j'ai été obsédé par cet endroit. Lorsque nous sommes enfin arrivés dans la région, ma copine et moi avons campé aussi près que possible, nous nous sommes réveillés une heure avant le lever du soleil et nous nous sommes rendus sur place pour essayer de trouver le meilleur angle. Ce n'était peut-être le meilleur, mais à chaque fois que je regarde cette image, il y a toujours beaucoup de choses qui se passent dans ma tête.

Wells Grey

Nous n'avons eu que des problèmes au Canada. Je crois que nous nous sommes enlisés cinq ou six fois. Nous avons été coincés sur la route par de petites avalanches et aussi par des arbres. Armés seulement d'une corde de traction, de chaînes à neige et d'une pelle, nous avons réussi à nous sortir de toutes les situations, sauf une, où nous avons creusé pendant environ cinq heures, sans bouger d'un poil, et où, à 10 heures du soir, une voiture est arrivée par hasard et nous a sortis de là. Nous avions tout de même réussi à déplacer cet arbre et tout se passait bien, mais le Canada nous a appris à avoir un peu plus de patience et de persévérance, et que chaque problème en valait la peine au final.

Représentation de la vanlife en Colombie-Britannique

par Shayd Johnson

Le photographe Shayd Johnson parle de la beauté de son paradis canadien

La côte de la Colombie-Britannique est un endroit régi par les éléments. Ayant grandi au bord du Pacifique, nous avons été témoins de sa beauté sauvage, des vagues qui façonnent le littoral depuis des siècles à la forêt tropicale ancienne qui abrite et nourrit tant de vie. Même notre ville la plus urbaine, Vancouver, n'est qu'à un jet de pierre de la nature sauvage qui définit notre province. Vous pouvez traverser le centre-ville en voiture, complètement entouré de gratte-ciels en verre, et apercevoir dans leur reflet les montagnes du North Shore un jour de grand beau temps. Une demi-heure plus tard, vous pouvez vous retrouver sur l'une de ces montagnes, à randonner le long d'une rivière alimentée par un glacier, ou encore une heure plus tard, vous parcourez des kilomètres sur un chemin forestier poussiéreux au nord de Squamish, et vous vous retrouvez dans un camping avec personne d'autre autour.

En raison de sa proximité avec la nature, je pense que la plupart des Vancouvérois (et des vanlifers qui font de la ville leur point d'attache) éprouvent un plus grand sentiment d'appartenance à la nature - et sont très protectionnistes à propos de son utilisation et de sa gestion. L'accès à l'arrière-pays proche de la ville devient de plus en plus compliqué (pas seulement pour les vanlifers). Un grand nombre de ces sentiers sont gérés par des sociétés forestières et minières qui installent des barrières et les verrouillent à leur guise. Mais, comme beaucoup de vanlifers, les personnes que nous avons rencontrées dans notre région sont pleines de ressources, et pas seulement pour trouver les meilleurs endroits où s'installer. Il n'est pas nécessaire d'aller très loin pour trouver des vanlifers à Vancouver. Il existe quelques endroits très singuliers à quelques minutes seulement du centre-ville. Une perle rare dans cette belle ville de bord de mer que la plupart des vanlifers connaissent, un lieu où vous pouvez vous garer dans un grand parking et trouver des toilettes propres, des douches extérieures et peu de restrictions pour stationner, le tout avec une vue fantastique sur la ville, est l'endroit où j'ai passé la plupart de mon temps à photographier mes sujets.

Malheureusement, dans une ville dont la population avoisine les deux millions et demi d'habitants et où les prix de l'immobilier et des loyers sont montés en flèche au cours des cinq dernières années, nous avons rencontré des gens pour qui vivre dans un van est devenu une nécessité plutôt qu'un mode de vie. Documenter la culture vanlife à Vancouver est intéressant en ce sens. C'est peut-être mieux que certaines alternatives, mais cela remet en question la fragilité de notre sentiment d'appartenance à un lieu. Des habitants de longue date de Vancouver, brusquement expulsés de leur maison après avoir payé leur loyer pendant 40 ans pour permettre la construction d'un nouveau lotissement, ont dû se résoudre à vivre dans leur véhicule. Des étudiants aussi, qui ont décidé de vivre dans leur van pour pouvoir financer leurs études plus facilement. À Vancouver, la vanlife est à la fois un refuge et un rappel brutal d'une dure réalité pour de nombreuses personnes vulnérables et marginalisées vivant dans la ville.

Lorsque je travaillais sur la série, j'ai souvent été accueilli à bras ouverts par les habitants de maisons roulantes. Ils semblaient tous avoir quelque chose en commun, qu'il s'agisse d'un sentiment d'appartenance à un lieu ou d'une véritable communauté souterraine qui se révèle. Ils étaient enthousiastes à l'idée de montrer leur style de vie alternatif et créatif, leurs techniques de construction bricolées ou leurs créations culinaires uniques. C'est vraiment cela, une petite communauté sur roues.

RIP CURL
RUDE GIRLS
WAECO

Naomi et Susan

Ambulance Mercedes de 1985

Deux Néerlandaises cool, aventurières, chaleureuses et abordables, parties en voyage sans date de retour ni destination finale. Elles ressemblent à n'importe quel autre vanlifer, sauf que leur fourgon est unique et l'un des plus méticuleusement personnalisés que nous ayons jamais vus : une ambulance Mercedes de 1985 de l'armée allemande reconvertie, de couleur verte d'origine avec des plaques immatriculées en Europe. Elles ont fait expédier leur véhicule des Pays-Bas à Halifax, ont traversé le pays et sont reparties vers le sud après un bref arrêt à Vancouver.

Nick

Ford Transit

Nick a été une rencontre fortuite. Je n'avais pas l'intention de prendre de photos ce soir-là, mais j'ai vu ce confortable Ford Transit garé sur la plage et je n'ai pas pu m'empêcher de m'arrêter. Après quelques minutes, je lui ai demandé si je pouvais vite rentrer chez moi pour prendre mon appareil photo et le photographier, lui et son van, et il a accepté avec plaisir. À mon retour, nous avons entamé une conversation animée sur les extraterrestres, l'athéisme et la philosophie, avant qu'il ne m'apprenne qu'il enseignait la philosophie à des enfants athées dans une école alternative de Boston. Nick vit sur la route depuis un an et demi, parcourant l'Amérique du Nord en jouant de la musique dans son van (il est diplômé en musique de l'Université de Berkeley) et en cherchant des endroits pour faire de l'escalade et de l'exploration. Nous avons fait un peu de musique dans son studio d'enregistrement mobile, puis nous avons regardé des vidéos de Bigfoot sur YouTube à l'aide d'un projecteur et d'un drap. C'est la quintessence même de la culture vanlife à mon avis.

ADVANCE49
AKAI
PROFESSIONAL

HYDRO
POWER

Chapitre cinq

L'AVENIR

L’avenir du voyage

par Dan Crockett

À quoi ressembleront la vanlife et les voyages des hommes dans le futur ?

« Quand je vois un adulte sur un vélo, j'ai de l'espoir pour la race humaine ». H.G. Wells

@insta_repeat est la preuve d'un désir universel de capturer des moments authentiques et uniques dans la nature. D'innombrables posts retravaillés montrent des personnes bien habillées sur une route au milieu de nulle part et sur un pont en bois, dans un canoë, une fleur et une feuille d'automne à la main, versant du café, jetant un coup d'œil hors d'une tente, dans une cascade, sur un glacier ou des gens envoûtés par l'aurore boréale. Chacune d'entre elles, prise isolément, est une belle photographie. Mais elles sont présentées dans des cadres de douze photos prises par des photographes différents, quatre en largeur et trois en hauteur, chacune étant presque identique. Alors que la technologie moderne se mêle à un mouvement universel de recherche de liberté, nous réalisons que nous sommes tout sauf uniques. Nos expériences de voyage à l'ère numérique sont accompagnées de leurs propres fardeaux.

L'époque de Thoreau est définitivement révolue. En tant qu'« inspecteur autoproclamé des tempêtes de neige et d'orages », il a recueilli des archives visuelles du lent passage du temps à Walden Pond. Son rapport avec ce lieu était très différent de celui des explorateurs autoproclamés de notre époque, mais l'intention était-elle la même ? Alors que les nomades d'antan comprenaient parfaitement la terre, au fil des âges, à mesure que nous devenons plus civilisés, ce discernement s'est perdu. Nous nous sommes coupés du monde et, d'une certaine manière, nous sommes devenus des sans domicile fixe. Comme le disait Thomas Berry, « Nous ne dialoguons pas avec la rivière, nous ne sommes pas à son écoute. Nous avons rompu le grand dialogue. En rompant le dialogue, nous avons brisé l'univers en mille morceaux ». James Agee a fait allusion à l'ampleur de ce que nous essayons de capturer sur nos téléphones portables : « donner une identité à une rivière n'est pas indispensable : elle est littéralement bien trop vivante à sa manière, et comme l'air et la terre, c'est une créature plus puissante, plus fondamentale que n'importe quel être vivant sur terre ». Alors que les nomades d'antan ont pu avoir un certain discernement de ce phénomène, les réseaux sociaux ont déformé le message. Nous sommes en concurrence avec les autres pour les «likes»; la nature n'est que le vaisseau pour attirer l'attention. Personne n'aurait pu prévoir un avenir comme celui-ci.

Chaque génération considère l'instant présent comme la réalité. Nous essayons de deviner l'avenir et nous observons le passé avec un mélange de mépris et de nostalgie. Pourtant, j'ai grandi dans un monde sans Internet, sans téléphones portables ni ordinateurs. Réfléchissez-y une seconde. En moins de 40 ans, le paysage mondial a radicalement changé. Lorsque j'étais enfant, communiquer avec des proches en Australie signifiait envoyer une lettre ou peut-être un fax. Il fallait faire développer des pellicules 35 mm pour partager une expérience. Lorsque je suis né, prendre l'avion était vraiment compliqué et coûtait très cher. La connectivité amplifiée du monde a complètement changé notre façon de vivre. Mais où cela va-t-il nous mener? Quel est l'avenir du voyage? La technologie numérique, les vans à moteur diesel et les billets d'avion - la boîte à outils du nomade moderne en quête de liberté - sont autant de contradictions qui ne s'accordent pas vraiment avec une vie harmonieuse sur terre.

En outre, ces mêmes objets qui nous permettent de nous déplacer librement nous donnent souvent l'impression de nous enfermer encore plus que jamais. Nos expériences se font au travers d'une panoplie de technologies, et nous nous efforçons de séparer le réel de l'invention. Même si nous le réprimons, nous essayons de saisir les contradictions au cœur de notre expérience. Les personnes qui reconnaissent leurs images sur @insta_repeat tentent d'établir une relation et des liens avec

la nature et leurs pairs par le biais de la technologie du moment. Il y a dix ans, il n'aurait pas été possible de créer ce compte. Dans dix ans, les choses auront à nouveau évolué. Mais comment tout cela va-t-il changer ? Comment voyagerons-nous à l'avenir ? Pourrons-nous mener une vie plus nomade et plus durable que celle que nous menons actuellement et qui détruit la planète ?
L'ensemble de notre civilisation moderne repose sur un approvisionnement limité et incertain en pétrole brut à des prix abordables. Nous dépendons du pétrole pour tout. Cependant, comme le dit Herbert Girardet, « si la croissance de l'utilisation des voitures fait partie du modèle de développement dont nous faisons la promotion, nous n'avons aucune chance ». Les voitures et les avions tuent notre planète. Environ 15 % du dioxyde de carbone produit par l'homme provient de véhicules. Comme l'a dit Carl Jung, « notre intellect a créé un nouveau monde qui domine la nature et l'a peuplé de machines monstrueuses ». Le pire, c'est l'effet sur la santé humaine. Chaque année, rien qu'au Royaume-Uni, 40 000 personnes meurent prématurément à cause de la pollution due au diesel. Pourtant, dans un retournement contradictoire, les machines sont désormais indispensables à de nombreuses personnes pour pouvoir sortir des villes et découvrir la nature. Il est de l'avis général que ce que nous voyons et ce que nous vivons, nous aimons le chérir et le protéger. Pour les 75 % d'êtres humains qui vivront dans les villes d'ici 2050, observer la nature est plus important que jamais. Mais il nous est difficile de l'observer sans la détruire.

Ces derniers siècles ont été marqués par d'incroyables progrès technologiques qui ont entraîné une explosion démographique. Nous sommes désormais sept milliards et, en même temps, la biodiversité connaît un déclin catastrophique. Comme le dit si bien Charles Eisenstein, « les efforts depuis des millénaires de notre civilisation d'aller toujours plus loin, toujours plus profond, de pénétrer dans de nouveaux mondes, de conquérir toutes les frontières. Nous avons atteint des hauteurs inimaginables, mais tout autour de nous, nous voyons la base de la forteresse s'effondrer ». La façon dont nous voyageons nous prive également des sensations que nous procure la terre.

David Abram souligne que « l'esprit imperceptible de la terre [est] essentiellement invisible pour ceux qui voyagent en voiture, car tous les sens autres que la vue sont alors tenus à l'écart, isolés dans une capsule qui se déplace sur l'autoroute à une vitesse trop élevée pour que le cerveau puisse enregistrer la plupart des changements perceptibles ». Si l'on compare le nomade moderne à quelqu'un comme Peace Pilgrim, qui a parcouru environ 40 000 kilomètres à pied pour tenter de porter la paix dans le monde, il est évident que le fait d'avoir un objectif supérieur est un excellent facteur de motivation. « Je resterai une vagabonde jusqu'à ce que l'humanité ait appris le chemin de la paix », disait Peace Pilgrim, « je marcherai jusqu'à ce qu'on me donne un abri et je jeûnerai jusqu'à ce qu'on me donne de la nourriture ». Cependant, la voie à suivre ne se fera pas à pied. Ni sur une bicyclette.

La manière dont la technologie a intégré nos vies, dont nous l'utilisons pour mieux échanger avec le monde qui nous entoure, pourrait devenir incroyablement passionnante. L'avenir pourrait bien voir une meilleure assimilation de ce que nous sommes, le monde que nous habitons et la façon dont nous échangeons avec lui. Mais quel que soit le choix que nous faisons, que nous choisissions ou non un van futuriste pour le faire, la poursuite de la liberté est et restera un sentiment merveilleux. Au fond, c'est une émotion que nous partageons avec des milliers de générations de voyageurs du monde entier. C'est un élément permanent de l'être humain. En ce moment, c'est exactement ce dont le monde a besoin. Quelque chose dans l'esprit humain appelle à franchir la barrière du temps et unit chacun d'entre nous qui abandonnons la vie dite « normale ». Être conscient de la chance que nous avons d'avoir pris ce virage en chemin, d'avoir entrevu un autre mode de vie dans ce monde, pourrait bien être la clé d'un long chemin tranquille.

« L'heure est venue de chercher sur la carte de meilleures opportunités, de prendre de nouvelles directions ». Bill McKibben

Après la vanlife

par Sam Glazebrook

Poursuivre un style de vie alternatif après avoir vécu dans un van

Au début d'un projet, vous ne pouvez qu'imaginer où il peut vous mener. Il peut commencer par un dessin sur une serviette de table, par une conversation autour d'une tasse de thé ou d'une forme de mécontentement à l'égard d'une situation dans laquelle vous vous trouvez. Une envie d'améliorer quelque chose - ou peut-être simplement de le faire autrement. Tout cela est sans aucun doute vrai pour moi.

Lorsque j'ai commencé à penser à cette cabane, je vivais à plein temps dans un van, et c'est tout ce que j'avais - quelques dessins sur un bout de papier et une conversation autour d'une tasse de thé avec un ami proche à propos de la location d'un terrain sur lequel construire une cabane. Tout cela était accompagné de la détermination quelque peu naïve d'un novice total, de savoir que, peut-être, si je mettais la main à la pâte je pourrais y arriver.

Un an et trois mois plus tard, certaines choses ont évidemment évolué, d'autres pas. Je suis toujours un concepteur/constructeur audacieux qui racle les fonds de tiroir. J'apprends quelque chose de nouveau avec chaque projet. J'ai toujours une barbe merdique irrégulière et les yeux verts, avec des rides et des cernes prématurés. Mais j'ai aussi changé - tout comme ce champ dans lequel je vis maintenant. Il est toujours bordé de chênes turcs à l'est, rempli de l'herbe la plus verte que j'ai jamais vue dansant comme du linge suspendu qui sèche dans le vent d'ouest (et a toujours le plus beau coucher de soleil par nuit dégagée). Mais une partie de ce qui était autrefois de l'herbe est maintenant quelque chose d'autre. Il y a désormais une structure qui se dresse ici, faite de bois de châtaigniers que nous avons abattus et traînés dans la boue. Une idée que j'ai dessinée sur une serviette, griffonnée dans des carnets, puis construite de mes mains avec l'aide d'un groupe d'amis et d'une famille incroyables.

C'est toujours un pari, lorsque se présente l'opportunité de louer un terrain constructible. Il y a toujours des sentiments à la fois de peur et d'excitation, et ce n'est assurément pas quelque chose qui doit être fait à la hâte ou sans une réelle réflexion. Pour moi, personnellement, je savais que je devais faire ce pari.

Je vis ici, sur cette petite ferme, depuis plusieurs années maintenant, les premières dans mon vieux van, Ferguson. Un LT35 à moteur essence de 1990 à quatre vitesses avec une cabine Luton en aluminium à l'arrière, trouvé dans les profondeurs les plus sombres d'eBay et acheté pour 1 000 £. Il avait une petite cuisine, un lit double, un petit poêle à bois et une porte coulissante en verre qui ne se fermait pas très bien (idéal pour les hivers longs et froids). J'avais aménagé le tout avec l'aide de quelques amis proches, pour moins de 800 £, et j'en ai été fier pendant un certain temps. En 2014, alors que je venais de terminer mes études, je revenais d'un voyage en Californie pour voir des amis, de la famille et surfer de bonnes vagues. J'ai entendu l'appel du pays - du Royaume-Uni et plus précisément des Cornouailles. Quelque chose dans cet endroit m'a toujours captivé. Malgré les hivers longs, froids et humides, il y a des petits coins magiques ici - où la mer brille d'un bleu émeraude. Des nuances de couleurs pastel bordent l'horizon au coucher du soleil, puis à nouveau à l'aube. Les matins glacés, mais parfaitement calmes, au cœur de l'hiver offrent des vagues de classe mondiale et des plages vides et dorées qui s'étendent sur des kilomètres et des kilomètres. Les longues journées d'été s'étirent tranquillement pendant 18 heures d'affilée. Les feux de camp en fin de soirée et les longues baignades dans des criques secrètes. Ce sont ces moments qui m'emplissent d'un véritable sentiment d'appartenance et qui m'ont convaincu de continuer à séjourner dans ce petit comté et de l'appeler mon chez-moi.

Le van était le moyen pour moi de le faire. Alors que je venais de me lancer dans une carrière freelance en réalisant des films, en faisant de la photo et en jouant de la musique, je n'avais que très peu d'argent pour couvrir les dépenses habituelles d'un être humain ordinaire. Le loyer, les taxes d'habitation, les factures, etc. Vivre dans le van m'a vraiment donné l'espace et le temps nécessaires pour continuer à faire ce qui me passionne le plus. Il semble y avoir une mentalité dans la culture occidentale, ancrée dans l'esprit de beaucoup d'entre nous, de trouver un travail où l'on s'ennuie pour s'acquitter des dépenses du mode de vie normalisé, avoir une belle grande maison, un chauffage central, une nouvelle voiture. Toutes ces choses sont-elles essentielles ? Ou, plus important encore, nous rendent-elles heureux ?

Je suis de nature sociable. J'aime les gens. Je crois au pouvoir de la communauté et de l'amitié. C'est essentiel pour moi. Vivre dans mon van aurait été bien plus pénible si je n'avais pas été entouré d'un bon groupe d'amis à l'époque. Surtout en hiver, lorsque les nuits sont longues et froides. J'ai passé trois ans à vivre dans mon van, et croyez-moi, il n'y avait pas que des posts Instagram confortables et des endroits parfaits au bord de la mer. Hasardez-vous dans des températures en dessous de zéro, avec des draps humides, des sacs de couchage et des couvertures empruntés, une cuisinière à gaz hasardeuse, la fumée s'échappant du conduit de cheminée mal scellé, une consommation au litre qui explose les compteurs.... et j'en passe.

Après une année de hauts et de bas à vivre sur la route, je suis tombé sur une ferme dans le coin où j'ai posé le van pendant deux ans. C'est là qu'est né mon rêve d'avoir un endroit stable où vivre.

Je savais que je voulais le construire moi-même, et je savais que ça devait être ici. C'est ainsi qu'a commencé une conversation brève, mais passionnante, autour d'une tasse de thé, avec des dessins sur d'innombrables morceaux de papier et un voyage dans les bois pour abattre quelques arbres. En février 2018, la cabane était sur le point d'être terminée ; j'y dormais de plus en plus souvent jusqu'à ce que, au début du printemps, je me suis senti prêt à lâcher prise et à m'engager à vendre le vieil engin et à déménager à plein temps dans la cabane.

C'était émouvant de laisser partir le van. J'étais ravi de le céder à un ami proche qui, j'en suis convaincu, appréciera l'expérience de vivre dans un van pendant un bon moment. Il faisait encore froid le jour, et glacial la nuit. Il était donc vital de s'occuper du chauffage. Comme le font beaucoup de gens, j'en suis sûr, je déniche beaucoup de choses sur eBay. J'ai donc trouvé un poêle, et un bon ami à moi, dont le père possède une entreprise dans le bâtiment, m'a installé un conduit de cheminée à un prix très raisonnable, mais assez mal adapté. Il fuit encore un peu en cas de forte pluie – j'y travaille.

N'ayant jamais construit quoi que ce soit de grande valeur avant cela, j'ai naturellement rencontré quelques embûches sérieuses. Certaines ne furent que de petites frustrations, comme refaire constamment les joints, se tromper dans les angles, casser ou arrondir des têtes de vis, ou tout simplement n'avoir aucune idée de comment rendre le tout étanche. L'erreur la plus lourde de conséquences a été l'encadrement de mes fenêtres. J'ai trouvé toutes mes fenêtres et portes soit dans des décharges, soit en discutant avec les gens du coin.

C'était une journée d'été de forte chaleur, mais couverte, avec une légère humidité dans l'air. Si vous vivez au Royaume-Uni, vous savez ce dont je parle. Tout se passait comme prévu. Les fenêtres étaient posées, le revêtement était terminé à 80 %, les portes étaient fixées. Je voyais enfin ce bâtiment prendre forme et il commençait à ressembler à mes dessins. L'enthousiasme était au plus haut. J'ai pensé que ce serait une bonne idée de demander à mon ami Ben de venir jeter un coup d'œil. C'est un charpentier qui vit à quelques heures au nord de chez moi et qui est donc venu me voir pour le week-end. Pour faire court, il en a conclu que l'étanchéité de mes fenêtres était complètement nulle. Je n'en revenais pas. Je lui ai demandé ce que je devais faire. Je savais très bien ce qu'il allait me répondre, mais je lui ai quand même posé la question. « Je suis désolé, mon pote, tu vas devoir tout enlever et recommencer ». Ugh, ça fait mal. Ce sentiment que vous avez - vous le connaissez - quand votre cœur semble dégringoler dans votre estomac. Je pensais que je m'en sortais bien, que je commençais enfin à comprendre ce que c'était que la construction d'une maison après l'avoir pratiquée pendant six mois. Comme j'avais tort. Comme j'étais naïf. Cette conversation a marqué le début d'un mois passé à dévisser et à démonter au pied-de-biche tout mon beau bardage en bois de châtaignier, afin de pouvoir atteindre les montants où je n'avais pas réussi à sceller mes fenêtres de manière suffisamment efficace. Le silicone, c'est bien, mais pas tant que ça...

Je pense que les hauts et les bas qui accompagnent la construction de votre propre maison - ou de tout projet qui part de rien d'ailleurs - peuvent être comparés à la traversée d'une chaîne de montagnes à vélo. J'ai fait un peu de vélo dans les Alpes et dans d'autres endroits similaires. Vous êtes confrontés à l'exaltation, au sang, à la sueur, aux larmes, aux jurons, aux rires, aux chants, à l'anxiété, à l'optimisme, aux vues magnifiques, à la fierté quand vous avancez avec aisance, comme lorsque vous descendez une colline en douceur, poussé par une brise légère et chaude. D'autres fois, vous avez l'impression de lutter contre un vent contraire cruel et implacable qui ne vous laissera jamais atteindre votre destination. Apprendre sur le tas, et travailler avec des amis ayant peu ou pas d'expérience présente chaque jour de nouveaux défis. C'est tellement amusant, mais aussi tellement de travail. Je dois tout cela aux personnes qui font partie de ma vie. Ceux qui sont venus de leur plein gré, sans rien attendre en retour, et qui ont tant donné pour m'aider à réaliser un rêve.

Honnêtement, je n'avais aucune idée de ce que je faisais quand j'ai commencé, et j'ai toujours l'impression d'avoir tant à apprendre, et même maintenant, quand je suis devant la cabane, j'ai du mal à croire que c'est moi qui l'ai vraiment construite. Pendant ces périodes où l'hiver s'installait, avec encore tant de travail à faire pour rendre cette chose étanche et bien isolée, je me sentais possédé par une détermination surnaturelle. Je savais que j'allais y arriver, même si c'était la dernière chose que je ferais sur cette terre. Il y a aussi une ou deux personnes en particulier qui m'ont soutenu pendant cette période, qui sont restées positives, même dans mes moments les plus sombres. Je pense que c'est ainsi que nous pouvons être certains que nous poursuivons quelque chose qui mérite notre temps. Une vraie passion et la conviction de continuer. Il me reste encore tant de travail à faire, et mon rythme s'est sans doute quelque peu ralenti, mais au cours des derniers mois, entre mes déplacements pour le travail, j'ai construit mon petit cabanon pour les toilettes principalement avec le surplus de bois, j'ai terminé l'électricité et j'ai commencé à travailler sur l'eau courante.

Lorsque je m'arrête un moment pour y réfléchir, ce qui m'arrive souvent, j'ai du mal à croire que cela soit réellement arrivé. Je pense à tous ces artisans, menuisiers, constructeurs de bateaux et charpentiers incroyablement compétents que je connais et que j'admire, et qui auraient été capables de créer quelque chose de beaucoup mieux que la création étrange et bancale qui se dresse devant moi. Je me demande souvent comment je me suis retrouvé dans cette situation.
Ne faisons-nous pas tous souvent cela ? Nous comparer les uns aux autres comme si une personne avait plus le droit d'exister qu'une autre ? Je parlais récemment à un nouvel ami de la disposition humaine de la conscience de soi, et de la façon dont elle peut être à la fois une bénédiction et une malédiction. En écrivant ces lignes, je me demande si je dois en parler. Si mes mots sont même dignes de ces pages. Quoi qu'il en soit, ils se retrouvent ici, alors je présume que c'est suffisant. J'espère que cette petite cabane située dans le champ d'une ferme est l'illustration de ce sentiment pour vous lorsque vous lisez ces pages et regardez les photos ; qu'en tant qu'humain vous êtes tout

simplement et intrinsèquement capable - que tout est possible si vous avez une vision et si vous le désirez suffisamment. J'en suis convaincu et j'en ai fait l'expérience.

Les 18 derniers mois ont été pour moi une nouvelle expérience à bien des égards. J'ai perdu des amis et des êtres chers à cause de maladies tragiques et, le cœur lourd, je me suis éloigné de certaines relations en quête d'une tranquillité intérieure qui continue de m'échapper. La seule constante pour moi a été ce petit bout de terrain. Je ne peux même pas dire qu'il m'appartient, mais il est devenu mon chez-moi.

Index

Traduction

Nick Redford

Relecture

Barbara Laurent

Coordination

Corinne Gauvin

Mise en page

Sylvie Garreau

Création graphique

Calum Creasey Lauren Smith

therollighome.co

@therollinghome

Photo de couverture

Calum Creasey

Textes

Amy Barker

Lindsay Berresford

Calum Creasey

Dan Crockett

Alfie Conor Edwards

Dane Faurschou

Becky Gaskin

Sam Glazebrook

Andrew Groves

Brook James

Shayd Johnson

Xenia Kegel

Clémence Polge

Sietske Riphagen

Bee Roper

Lauren Smith

Hannah Stocks

Mattias Wieles

Crédits photos

Crédits illustrations

TURBULENCESEDITIONS
8 rue Buffon
63100 Clermont-Ferrand - France
www.turbulenceseditions.fr

Cette traduction de *The Complete Vanlife Book* par The Rolling Home
est publiée par Turbulences éditions en accord avec

FSC
www.fsc.org
MIXTE
Papier issu de
sources responsables
FSC® C014138

Imprimé en Europe par FINIDR
Dépôt légal : décembre 2022
ISBN : 978-2-9570616-8-6

THE ROLLING HOME

Homme, femme ou enfant. Passez du temps dans un véhicule, n'importe quel véhicule, à voyager autour de cette belle planète. Faites des rencontres, créez des liens avec la terre, des souvenirs. Évadez-vous si vous le souhaitez, retrouvez-vous si c'est ce que vous devez faire. Quittez votre boulot un vendredi et conduisez jusqu'à la côte, buvez du vin, écoutez de la musique, endormez-vous avec la pluie sur le toit. Réveillez-vous seul.e et soyez excité.e à l'idée de vous réveiller dans votre van, ou allongez-vous à côté de la personne que vous aimez. Peut-être que les enfants, qui dorment sur le toit, vous réveilleront un peu trop tôt. Peut-être que la promesse de vagues a fait sonner votre réveil à 5 heures du matin. Peu importe qui vous êtes - passez du temps dans un van et, ce faisant, profitez pleinement de la vie.

Ce livre est dédié à tous nos amis et à nos familles qui ont soutenu nos aventures au fil des ans. Nous remercions particulièrement tous ceux qui ont soutenu la Rolling Home en achetant notre précédent livre, nos magazines et nos produits. Ce livre n'a été possible que grâce aux contributions, récits, témoignages, photos et illustrations réalisés par tant de personnes incroyables, chacune avec une histoire à raconter.

Pour en savoir plus sur la Rolling Home et le *Rolling Home Journal*,
rendez-vous sur le site www.therollinghome.co.